上海视觉·文产高地计划丛书

主编 俞振伟 副主编 楼世芳 刘轶

企业节日研究

基于经济民俗学新视角

吴玉萍——著

中国出版集团 东方出版中心

序

　　一般来说,传统民俗学研究面向乡村,现代民俗学研究面向都市,这是与城市化进程相关的学术研究的社会适应问题,不是学科创新问题。由于传统中国主体是农业社会,从古代社会一直到20世纪80年代都是变化不太大,是以农业社会为主体,传统民俗学一直研究乡村不奇怪。新世纪以来,中国城市化的进程明显加快,民俗学开始面向都市研究。如"海上风都市民俗学论坛",就一直在努力。

　　都市的主体是什么?是市民。市民的概念远比农民复杂,我们可以抽象地说是城市居民。要说出他们的背景,也就是他们依赖的集体,我们发现,除了学校和其他管理单位,城市民众依赖的集体有工厂、商店,以及各类服务行业,这些行业可以通用一个称号,那就是企业。我们兜了一个小圈子,是要说:现代都市民俗研究的主体之一是企业民俗。

　　企业民俗跟村落民俗一样,是一种特定背景下的民俗,是具有一个可以把握边界的空间中那些活动着的人群的民俗。它是企业人的民俗,还是企业集体的民俗?当年人们讨论着什么是民,什么是俗的问题,"民"与"俗"难道能够分开吗?如果真的要看哪个重要,那肯定是后者。企业民俗一旦存在,就成为超越个体的文化实

1

在。企业民俗不是单个人的民俗习惯，而是一个企业的文化传统，带有鲜明的集体性。

我不想把企业民俗研究说成是民俗研究的创新，而宁可将其视为民俗学学科最起码的与时俱进的生存能力。在城市化到来的时代，民俗学研究的主要任务之一是研究企业民俗。

与过去乡村民俗主要面向自我，建构村落或者家族认同有所不同，企业民俗除了强化员工的自我认同，更重要的是建构他者的认同，它要将企业外的消费者纳入自己的共同体中，当然也可以说是一个扩大的企业共同体。于是我们发现，企业的民俗空间是开放的，企业民俗的认同对象也是扩展的。

到了网络时代，企业民俗建构，尤其是企业节日建构便成为企业发展的重要选择。这时中国企业群体中，生产出了"米粉"节、"双十一"，以及年中购物节等。这些节日不是乡村的自我娱乐，而是要拉着大家一起狂欢。企业节日一下子就成了社会的节日，大众的节日。当然，首先是那些与企业关系密切的粉丝群的节日。阿里、京东、小米等是最大的受益者，企业因为自己的节庆赚得盆满钵满。可是，人类社会是一个相互关联的整体，没有哪个企业会看着别人赚钱而无动于衷，面对利益都会有模仿的冲动，于是蹭利跟风者络绎不绝，结果这个别企业的节日也就逐渐成了全民的节日，所有企业的节日。这是不是与村落的节日很不同呢？

且慢这样说。我们很难看到一个村落有独特的与他人完全不同的节日。我们发现，千万村庄在过端午节的时候，大多数人都在干吃粽子、划龙舟、佩兰、插艾、插菖蒲这样几件差不多的事情。千家万户的端午节跟当下千店万铺搞"双十一"是不是有些相似？于是，我们发现，村落端午节真是一个多元一体的文化节日，有共同的叙事，也有各村各地的不同。那"双十一"呢？我们发现有的人在拜马云,有的人却在拜刘强东。但都只有一个目的:多赚点钱,快乐忙碌"双十一"!文化是共享的,好运民俗也是共享的。也许若干年以后,有一天阿里巴巴转型做别的了,京东还在做电商,人们都会糊涂曾经的节日起源,到底是因为马云还是刘强东。就像我们今天搞不清端午节的起源到底是因为伍子胥,还是因为屈原,还是因为其他什么原因。这样看,企业的节日民俗与当年的乡村节日民俗在本质上还是相同的,只是这个节日的"起源地"还看得见,我们还处在企业节日的源头活水上。

乡村民俗与企业民俗有相似的历程,但是时间过程被高度压缩了。当年形成的节日,其过程可能要几十年几百年才会有全国性的影响,现今几天几月时间就会风靡天下。从文化意义上看,我们可以通过充满变化的企业民俗来考察节日文化的流变,真正体验古人说的:观古今于须臾,抚四海于一瞬。也会体会小米雷军所说:专注,极致,口碑,快!古今同理:须臾,一瞬,那就是雷军说的快。民俗变化发展快,同样研究行动也要快。那种所谓十年磨一剑的说法,可能是低效率的借口。当然长期投入是重要的,但是磨磨蹭蹭是懒汉懦夫。

快的意思是敏锐。吴玉萍博士来到华东师范大学民俗学研究所做博士后研究,敏锐地感觉到企业民俗学是当今民俗学的生存之道。经济民俗学是企业民俗学的理论基础,反过来,企业民俗学的深化会丰富经济民俗学的内涵。吴玉萍将企业民俗作为博士后报告的主要研究内容,适应社会的变迁,也开拓了民俗研究的空间。

作为企业节日,"双十一"带动全民的购物狂欢,其发生机制还是发人深思的。年中购物节似乎无厘头,可是似乎也渐成气候。也许有很多很多的因素促进了这样的企业节庆的发展,但是网络本身是一个不可忽视的研究对象。可是，网络都是摆在这里的，为什么阿里、京东搞了这么大的动静，别的企业却没有呢？企业节庆的一切都是在构建认同性，形成认同性经济。对于这些问题，吴玉萍博士的探索开了一个好头，希望她继续努力，与企业家合作研究，发现规律，增强服务社会的能力。企业民俗学的空间实在太大，民俗学的世界可谓无涯！

企业民俗，企业节庆有很多的功能，但是核心功能还是经济。运用民俗资源发展出来的经济是民俗经济，这是一个基本的事实。民俗经济有三种重要的形式：

一是传统的民俗制品经济。如粽子月饼这样的节庆食品，婚丧嫁娶物品，迎来送往物品，传统衣食住行物品，地方特产等，民俗经济体量巨大，如茶叶、白酒等，动辄千亿规模，仅仅茅台就有上万亿市值。这些相关企业，是生产传统民俗产品和消费民俗产品的，是民俗经济的实体。

二是传统的民俗平台经济。它不是民俗产品的生产者，而是消费习俗的制造者。如社会节庆、婚丧嫁娶、生日庆典、迎来送往礼仪等，在一定程度上，人的生命意义就在这些礼仪消费中。所以，民俗是巨大的消费平台。

三是利用传统民俗进行创新重构产生新的平台经济。如腾讯之微信红包，阿里之集五福，当然影响最大的就是"双十一"节庆。有人说，阿里巴巴是一家将民俗资源应用得淋漓尽致的公司，如它的企业名是一个民间故事的名称，全世界都知道的，有着强大的认同基础；集五福，这个五福文化在中国有三千年以上的历史，民间五福临门是最重要的民俗吉祥符号，阿里还将其与当下价值观结合，古今融合，引得广泛认同；而"双十一"，也是全球可识别的可理解符号，而当下的光棍潮流也自然引起共鸣，所以追从不可阻挡。

民俗研究还需要更多人主动适应社会变迁,吴玉萍博士是开企业民俗研究风气之先者,具有引领意义。企业民俗研究是民俗学的本分,也是民俗学的创新。

希望更多的人研究企业民俗,希望企业民俗学研究的时代尽快到来。

2018 年 7 月 10 日　海上南园

目　　录

图表目录

绪　论

第一节　企业节日研究回顾与反思

企业节日是企业根据市场化的经济运转以及消费者的消费神经"创造"出来的节日,它的根本目的即在于产生更大的经济效益。关于企业节日的研究,一直以来都是市场营销或管理学的研究领域,民俗学的参与尚未深入。然而民俗学提出的诸如经济民俗、民俗经济、经济民俗学等却与企业节日有着千丝万缕的关系。关于企业节日的研究现状,以下分为三个方面予以概述:

1. 民俗学与企业节日。民俗学界对企业节日直接的研究目前尚处于零星状态,然而民俗学界对于民俗与经济早有关注,从开始的"经济的民俗"(乌丙安,《中国民俗学》,1985)、"经济民俗文化学"(钟敬文,《民俗文化学发凡》,1992)①到当下的"经济民俗学"(刘锡诚,《"中国民俗学前沿理论丛书"总序》,2003),学科形成态

---

① 钟敬文先生在该篇文章中指出:"经济民俗文化学,着眼于中、下层社会的生产、经营、分配、消费等活动所表现的风习的探究。在国际上,它的研究已成为专门学科。"钟敬文:《民俗文化学发凡》,载《北京师范大学学报》(社会科学版)1992 年第 5 期。

势明显。其成果著作方面有《经济民俗学》（何学威，2000）①、《中国消费民俗学》（杨太，1998）等。这些当为首批注意到经济与民俗关系的研究，对于民俗之于经济的意义最早进行了探索，具有开创性意义。

发展到近几年，关于经济民俗研究的成果越来越丰富、显著，对于经济与民俗的话题涉及得也都比较直接，讨论了民俗中的经济、经济对民俗的影响等问题。论文方面有《经济民俗学：探索认同性经济的轨迹》（田兆元，2014），该文章提出："民俗经济是指与民俗活动相关的经济，它包括与民俗直接关联之衣食住行与生老病死类的商品生产与消费，也包括民俗演艺及民间文艺转化而来的文化创意产品的生产与消费；此外，民俗经济也指因民俗活动的开展而带来的特别消费。民俗经济是一种认同性经济，它是历史形成的重要经济与文化资源之一。中国民俗经济体量巨大，生态功能与文化功能很强，其对于中国经济转型具有十分重要的意义。中国民俗经济资源需要一次大规模的普查，建立资料库以为开发之用；政治文化与制度文化对于民俗消费习俗的影响至关重要，民俗经济对于文化传承与文化认同具有非同寻常的意义；消费习俗是经济的核心驱动力之一，民俗生态对于经济发展存在综合关联。总之，经济民俗学是一个庞大的知识体系，有待系统的理论建设。"②田兆元教授就经济民俗学成为一门正式的学科提出了建设性观点，他指出经济民俗

---

① 何学威在提出"经济民俗学"之前曾有过"经济民俗文化学"的说法。《经济民俗文化学刍议》一文中对经济民俗文化学的定义是："经济民俗文化学是一门交叉学科，它是以民俗文化和市场经济的关系为研究对象，说得更明确一点，它是研究人民经济生活中的民俗文化因素，研究这些因素对经济的影响、作用、一般规律、应用及其价值。"载《广西梧州师范高等专科学校学报》2000年第2期。

② 田兆元：《经济民俗学：探索认同性经济的轨迹——兼论非遗生产性保护的本质属性》，载《华东师范大学学报》（哲学社会科学版）2014年第2期。

学的确立对于非物质文化遗产的研究也大有裨益。

除了民俗学研究者对此有论述,非民俗学研究领域的学者也关注到了类似的话题。如《经济民俗特性与广州经济民俗》(周翠玲,2000),从现代民俗学从乡村民俗到都市民俗的发展现状和需求出发,探讨作为物质民俗的最重要组成部分之一的经济民俗的基本功能,并在此基础上,从历史的客观规律和现状的演变形态分析了广州经济民俗的特点。《民俗经济学视野下民俗之于经济的影响》(董丽娟,2013),从物质生产民俗、民俗饮食、民俗节日、婚丧民俗、民俗艺术五个方面论述了民俗对经济的积极作用,同时也提出民俗对经济有时也会产生副作用,前者与后者之间还存在无所谓有利还是不利的关系。尤其在当代,民俗对国民经济的助力作用日益加深。《县域民俗经济探析》(王丽坤,2012),提出民俗经济作为拉动县域经济的一个新的增长点,在提高县域经济整体竞争力上具有不可低估的重要作用。因而,弘扬优秀民俗文化,将民俗文化开发与经济发展协调起来,发展特色民俗经济模式,不失为县域经济实现跨越式发展的一个新思路。《民俗文化的经济新思维——以经济学视角解读新形势下中国民俗文化之价值取向》(咸春林,2004),从经济学视角对经济全球化、西部大开发等国内外环境给中国民俗学学科发展带来的新的机遇和挑战进行了分析,特别是提出了在面对世界经济一体化的发展时,进一步探索中国民俗文化的价值取向等。

应当说,关于经济民俗学的理论储备已相当完备,但是缺少用此理论解决当下问题的案例。尤其是企业节日作为一种新民俗,且与经济相关,但民俗学却一直没有关注这个话题。此外,关于经济民俗学也经常会出现概念混淆的现象。以"经济民俗"或"民俗经济"为关键词搜索的论文数远多于"经济民俗学",这些论文里又经常用"经济民俗学"这个概念。很显然，经济民俗或民俗经济比经济民俗学好用。不光如此，上文《民俗经济学视野下民俗之于经济的影响》的作者还发表过一篇题为《经济民俗学视角下的区域民俗与区域经济》①的文章，经济民俗学和民俗经济学究竟哪一个是正牌学科？所以，厘清概念迫在眉睫。

2. 其他学科对于企业节日的相关研究。一直以来，企业节日都是置于市场营销、工商管理、企业管理等学科下进行研究，所展开的讨论也都围绕着市场、服务等。如发表在《中国社会科学》杂志上的《习俗与市场——从康芒斯等人对市场习俗的分析谈起》（张雄，1996），认为市场规范和制度的建构除理性的设计以外，还包含着许多复杂的非理性的社会因素，其中习俗就是一个十分重要的视点。《从节日仪式文化到营销——传播的仪式观视角下的天猫"双十一"狂欢购物节营销》（刘娟，2013），从詹姆斯·凯瑞的传播的仪式观视角对天猫"双十一"狂欢购物节营销进行了定量研究，在营销与节日仪式之间搭起一座桥梁，分析天猫仪式感营销的塑造，通过文化意涵的视角审视天猫"双十一"营销仪式，探讨了在这场仪式中参与者是如何参与到仪式，并感受到经验的共享的。如《节日经济的企业对策探析》（谭佩儒，2013），试图从节日经济的特点和企业对策两大方面探讨企业应如何抓住节日经济的商机来实施营销。如《基于社会文化视角的"光棍节"节日仪式分析》（林锦凤、魏玉，2011），通过网络渠道收集到"光棍节"节庆相关活动内容，用仪式的相关理论对"光棍节"节庆活动从内涵、分类和象征符号等三个方面进行分析，探索仪式发展的新变化。上述研究注意到了节日，却没有意识到节日原有的民俗内涵，没有充分注意节日这一民俗的经济功能。因

---

① 董丽娟：《经济民俗学视角下的区域民俗与区域经济》，载《学理论》2013 年 12 月。

此,对于企业节日与经济民俗学之间的关系、与节日相关民俗制品的生产与消费等,市场营销等领域的研究基本处于空白状态。

3. 国外学者论述民俗文化对于经济学方面的影响。民俗与经济间的相互影响关系在经济学、哲学、人类学等领域都有了较为丰硕的研究成果,如康芒斯对于习俗在市场中的作用的分析,他指出:"之所以要重视习俗问题,是因为它是市场行为者考虑问题的方法论前提。一方面,市场交易是社会关系的交换,而习俗和习惯假设是构成一切人类关系的基础的原则;另一方面,任何一个行为者只要他投入实际工作或经济活动,都必须首先具备制度化的头脑,即在经验积累中形成处理问题或动作操作的那种行之有效的行为惯例和方法。"[①]又如洛克、休谟等人对于习俗理论也有深入的探讨;本尼迪克特对民俗与生活间关系进行的阐述等。但这些研究大都停留在理论讲述层面,既没有涉及传统节日,更无须说企业节日。

当然,也有将企业与民俗结合研究的个案。如广西师范大学2001年有一篇硕士论文以《中国企业民俗管理与建设研究——企业文化管理与建设的新视角》为题,文章主要从企业的行业特点(群体性、经济性、行业性和职业性等)、企业的经营模式(官僚衙门式、家庭家族式、师傅徒弟式、雇主雇工式等)、管理建设(政治管理中民俗运用的历史、管理与民俗结合的必然性)等方面展开讨论。其中该文将企业民俗分为两个概念,一是狭义企业民俗,指行业和企业传统在企业的传承;二是广义企业民俗,包括民族、地域、行业与企业传统在企业的传承,具体是指与企业管理者和专家顾问所倡导的上层文化(官方文化、专家文化与科技文化)相对而言的,在企业成员长期生产与生活互动过程中形成的,为企业全体或部分

① 张雄:《习俗与市场——从康芒斯等人对市场习俗的分析谈起》,载《中国社会科学》1996年第5期。

成员因袭传承、相沿成习或约定俗成的文化心理或心态、组织与制度、工作和生活方式,乃至物质表现。该篇论文的写作方式基本是一种历史梳理模式,而且是侧重研究企业文化的建设,对于企业如何运用民俗创造出经济效益甚少涉及,也没有提及企业中的相关民俗实践,包括产品的民俗化、企业平台的民俗化等。但能够用跨学科的方式研究,梳理出从古到今中国传统社会政治管理中民俗运用的历史,这一点非常可贵。

综合来看,从民俗学视野研究企业节日,用传统文化来涵养企业精神、培育新的企业文化,目前学术界对此没有很好的资料积累与解释。而且,学术界对于企业节日一直停留在将其视为与促销日等同的研究理念,未能同民俗文化产业联系起来看待,也未能从认同性经济构建的角度去研究企业节日。总之,对于企业节日的健康发展缺少民俗学方面的知识与智力支持。

本书试图做一项尝试,即在用中华优秀传统文化的精髓涵养企业精神,培育现代企业文化的理论背景下,在民俗与现代化的互动、民俗与经济联姻的实践中,以经济民俗学为研究思路,分析企业节日的特征,通过对新节庆中构建认同性经济途径的探索,如企业节日的民俗化、强化企业节日的民俗内涵等,将企业节日提升至企业发展的战略层面,用文化助推经济发展、服务社会,推进民俗经济健康发展,实现文化创新、经济创新。

第二节　研究方法、内容及意义

一、研究方法

本书的基本研究思路是梳理出企业节日与民俗学的关系,再通过企业节日的民俗化实践,实现传统文化涵养企业文化的最终目的。

首先是梳理企业节日与民俗学的关系。现代化社会中,民俗打破了传统的封闭性,开放性意识越来越强,民俗与经济的互动越来越密切,本书的研究即是民俗与经济联姻的绝佳案例。企业节日作为一种新民俗,没有得到应有的关注,尤其是作为具有服务社会能力的重要学科,民俗学的话语不可或缺。因此,找出企业节日与民俗学的关系是传统文化进企业的奠基之石。

其次是探索企业节日的民俗实践。企业节日相较于传统节日而言,其文化认同不够。因此,要激发企业主体的经济意识和消费主体的信仰与参与精神,企业节日必须有民俗行为的支撑。这种行为体现在节日符号的设计、企业产品的开发以及各类消费平台的打造等。只有通过这样的民俗实践,企业节日才能有效形成,真正涵养企业精神,培育现代企业文化。

在上述研究思路下,本书选择企业节日作为研究对象,且是从民俗学的角度切入,突破单一的市场营销、工商管理或者是企业管理的研究视域,采用跨学科的研究范式,对企业节日进行全面研究。在研究过程中,选取有代表性的两家企业为个案进行追踪,一是阿里巴巴的"双十一",一是小米科技的"米粉"节,同时关注一些后起之秀,如京东的节日等等。至于研究方法将涉及如下几种:

1. 文献研究法

关于经济民俗的话题,研究回顾中已经提及,国内外学者已经有了比较多的研究成果面世,不管是直接的研究还是相关理论的梳理,材料都非常丰富。因此,面对前人的研究,需要通过翻检、研读海内外民俗学、经济民俗、节日研究等方面的相关文献,了解学术史及国内外研究现状,用民俗学的视角对企业节日进行新的探究。

2. 田野调查法

田野调查法是民俗学研究中最重要的方法论之一。本书的研究涉及节日的发起者、节日里的消费者等群体，这些都是民俗主体，且企业节日属于现代民俗问题。而在民俗与现代化的对接中，民俗主体的现代意识培养极为重要，他们从传统文化中走来，需要对现代化的生活方式、科技文化、价值体系形成认同。因此，本书需要通过对民俗主体，如企业决策者、消费者及相关人员等的参与式观察（主要是企业节日当天民众的消费情况和商家采取的系列措施）、随机访谈（群体主要落在经常网购的群体，选择时挑一些有年龄层次分布的群体）、问卷调查（通过设置问卷问题，通过网络技术，将问卷发放，最后对问卷进行分析）、数据采录（主要是两大企业每年的节日销售额）等，对民俗主体的经济意识、共同参与精神、信仰习俗等进行深入研究。

3. 案例研究法

结合法国社会学家皮埃尔·布尔迪厄的文化生产场域理论和维克多·特纳的仪式理论，对典型企业的节日案例进行解剖、阐析。企业节日当天的行为具有一定的仪式性，如"光棍节"的脱单仪式、财神信仰仪式等，这些都是消费群体的一种信仰与参与精神。此外，"米粉"节中，"米粉"们通过米聊社区建立起来的这种网络社会关系也是值得探究的。

4. 数据分析法

运用 SPSS（Statistical Package for the Social Science）、GIS（Geographic Information System）等软件工具，对发放出去且有效收回的问卷调查等进行统计和图谱化分析，试图以清晰的数据和有力的实证来展示企业节日对于企业经济的影响。

二、研究内容

在全球化的经济浪潮中,在现代化的文化发展趋势下,各种新的思维观念、文化观念、民俗观念得以反映并显出勃勃生机,新民俗是民俗与现代化互动的产物,企业节日即为一种新民俗,是民俗与经济相结合的创新产物。

市场经济模式下,一切消费都是民俗文化消费,所产生的经济是一种民俗经济,也是一种认同性经济。企业节日是企业因节日特有的经济效应为自身制定的特殊日子,从开始到今天,发展轨迹高低起落。以往的研究中,由于缺乏民俗学的在场,企业节日都是放置在市场营销、工商管理、企业管理等学科下进行研究,所展开的讨论也都围绕着营销策略、服务质量、管理模式等展开。从实践中来说,有的企业节日经济没有内化为经济民俗,没能形成认同性经济,仅仅在拼营销,以致失去了设置节日最初的目的,没有注意到企业节日的"节日"属性。而企业节日如果运用得当,便能同传统节日一样,使节日里产生的经济成为一种民俗经济。由此看来,企业节日的相关研究是实实在在的经济民俗问题,是对经济民俗规律的尝试性探讨。然而,由于企业节日作为一种新民俗,它的产生伴随着科技的发展、网络的兴盛等,其民俗内涵没有传统节日丰厚,认同性也没有传统节日强。在社会发展、文化转型等外部环境冲击下,企业节日很容易流于"泛民俗",昙花一现,短暂的红火之后便会消失。

中国企业文化发展的最根本问题是企业文化的中国化。胡平在《企业文化》一书的序言中指出:"中国的企业文化在与国际交流中最有生命力的还是受中国传统文化影响的那部分。要想发展、繁荣中国的企业文化,一方面要吸收国内外企业文化的优秀部分;

另一方面要把我们好的传统继承下来，在融合的过程中创新，实现两种文化的对接和超越。"①可见传统文化对于企业文化的重要意义。企业节日也是一样。企业节日作为企业文化的一个组成部分，同样要用传统文化去涵养、去培育。

目前，让中华优秀传统文化内涵更好地融入生产生活，探索中华传统文化创造性传承新路径，迫在眉睫。节日作为传统概念，形成的文化认同以及经济效益日渐凸显。企业节日作为一种新民俗，能够将文化辐射到企业内部，涵养企业精神，在培育现代企业文化的同时构建认同性经济。不过，企业节日的创立、维护和传承，企业节日的功能实现却并不容易。企业的消费节日一旦设立，维护与传承是一个问题。如何赋予节日文化意义，如何形成仪式，这是企业节日传承的关键。只有将企业节日作为企业发展的文化战略来讨论，实现企业的实质经济增长，企业节日才能长久得到维护，才能实现真正的民俗经济。

本书以经济民俗学的相关理论为指导，以企业节日民俗化实践为手段，以构建认同性经济为目标，首先讲述企业节日作为新节庆的发生、影响和问题，以及对于传统节日的继承与发展。其次通过对企业节日代表——阿里巴巴"双十一"与小米手机"米粉"节的分析，如"双十一"的持续火爆、"米粉"节的由盛而衰，对民俗主体的民俗心理、参与精神、信仰习俗等进行研究，把握经济民俗学的发展规律。本书提出以经济民俗学的相关理论为指导，以民俗实践为手段，以构建认同性经济为目标，将企业节日作为企业发展的重要文化战略来讨论。同时，提出把企业节日作为文化创新的战略来分析，以彰显其在全球文化发展中的独特意义。它不仅能给

---

① 转引自肖步云：《论中国传统文化在构建多层企业文化中的作用》，载《企业导报》
2012 年第 20 期。

企业经济增添文化动力,而且还能提升民俗的社会价值,强化民俗学的实践回归,实现用中华优秀传统文化的精髓涵养企业精神,培育现代企业文化的任务。其内容主要梳理出三条主干:

其一,经济民俗伴随社会生产而萌生,伴随社会发展而发展,尤其是经济全球化背景下,经济民俗内容更加丰富,形式更加多样。本研究将以此为思路,讲述企业节日的发生、影响、存在的问题,以及对于传统节日的继承与发扬。当下社会,企业节日方兴未艾,很多企业都在争相设立自己的节日,然而在这样的洪流中,很多节日不能长久,有的甚至昙花一现。所以,本书将以经济民俗相关理论为指导,寻找企业节日发展和衰弱的原因,并结合传统节日的优势,探讨企业节日的可持续性发展。

其二,选取典型企业节日进行分析,如"双十一"从偶然促销日到固定的企业节日,佐以财神信仰化、去单身化等仪式性最终越来越强,天猫"双十一"全天交易额从 2009 年第一次的 5 000 万一度增长到了 2015 年的 912.17 亿元。而小米的"米粉"节仅有新品发布、让利促销等活动,因缺乏将"米粉"团结在一起的仪式,尤其是在华为等强势介入的背景下,导致了"米粉"节由盛转衰。因此,本书从民俗主体入手,研究生产者、消费者、决策者的民俗心理、参与精神、信仰习俗等,掌握经济民俗的变化规律,以促进企业经济的进一步发展。

其三,企业节日的文化实践,即构建新节庆的认同路径。企业节日产生的根源是经济效益,企业一面想维护节日以便产生更大的经济效益,一面因缺少维护节日的有效手段而面临节日消失的危机。典型的便是阿里巴巴的"双十二"。为此,本书提出企业节日的民俗化实践,以期将更多的民俗因子注入企业节日,形成文化认同,实现企业节日的维护传承。

三、研究意义

2017 年新年开始，中共中央办公厅、国务院办公厅印发了《关于实施中华优秀传统文化传承发展工程的意见》。其中在重点任务的第 12 点中明确指出：用中华优秀传统文化的精髓涵养企业精神，培育现代企业文化。在全面复兴传统文化的大背景下，以民俗学的视角进行企业节日研究，既是一种学科思路创新，也是紧跟国家发展方针，用优秀传统文化精髓涵养企业精神。①

因此，本书的研究意义如下：

一是对于学科的理论意义。民俗学的实践研究、民俗服务于社会、满足技术时代的要求是近年来民俗学的主要研究方向，而民俗参与市场经济更是人的创造力的体现。节日作为民俗学的一个传统概念，越发为企业青睐，企业节日如雨后春笋般增长。然而，企业节日作为重要的经济民俗，对于它的研究，民俗学基本处于失语状态。本书以经济民俗为思路，通过具体案例对民俗主体的民俗心理和目的展开研究，从而掌握经济民俗的变化规律，既有效凸显了民俗学的实践优势，也提升了民俗的社会价值。

二是对于企业的现实意义。现代企业成功的参考要素之一就是优秀的企业文化，而优秀的企业文化不能局限在企业的培训等方面，还要体现在企业的各种外在形式、承载商品上，比如企业的经营方式、企业产品的文化内涵、企业标志的设计等，这些都关系到企业的经济效益。在外向型市场经济中，不论是商品的图案，抑或商品的包装等，都与人们的风俗习惯和民俗心理有关，因而商家对民俗心理和消费习惯的把握直接影响着企业的经济效益。本书

---

① 节日是一种民俗，更是一种优秀的传统文化。节日的意义在于能够让人们形成认同，能够在特殊的日子里团聚在一起，对某种事物形成共通的看法。

通过总结优秀企业节日的成功之处、分析相关企业节日的不足,以节日构建为关键词,给企业提供可落地的营销设计方案,帮助企业更好地建设节日,构建认同性经济。这样的研究既能让文化成为经济增长的新动力,同时也能够达到《关于实施中华优秀传统文化传承发展工程的意见》中的目标,即用优秀的传统文化涵养企业精神。

第一章　企业节日综论

　　企业节日是企业根据节日独有的经济功能而特别指定的日子。企业节日的产生有偶然为之，也有有意为之，它与传统节日有相同点，也有不同之处。虽然没有像传统节日那样有着深厚的时间积淀，但是作为一种兴起的新民俗，企业节日对于认同性经济的构建、民俗文化产业的发展有着独特的作用和影响。

第一节　企业节日：一种新节庆的产生

　　节日，尤其是传统节日一直都是民俗学所关注和研究的对象。传统节日里会产生相应的消费，如春节里的对联、灯笼，元宵节里的汤圆、饺子，中秋节里的月饼、莲藕等，这些都是因为传统节日里伴随信仰或习俗而产生的消费。因此，节日里产生的经济，倘若与民俗相关，便成为经济民俗或者说民俗经济。民俗经济相较于其他的经济模式，具有相当大的稳定性。因为习惯不是一时能够改变的，而且习俗是经过几代人的传承形成，所以把握这样的消费习俗，根据消费习俗引起的消费即可成为刺激经济增长的活力因子。

　　民俗与经济相关的论述最早可追溯到司马迁。司马迁在《史记·货殖列传》中指出:"皆中国人民所喜好,谣俗被服、饮食、奉生、送死之具也。故待农而食之,虞而出之,工而成之,商而通之。"[1]这段话的前文指出了不同地方因不同的习俗而产生不同的生产群体。而商人则会根据这样的群体,综合他们的消费习惯和消费需求,以便满足各人类群体生活的需要。其实,这就是把握了一个地方群体民众消费习俗的先例,同时也是民俗经济的胚胎模式。

　　既然节日与民俗相关,民俗影响着消费,节日经济概念的产生便顺理成章了。"节日经济是指人们利用节假日集中消费、集中购物的行为,带动供给、带动市场、带动经济发展的一种系统经济模式。"[2]这里的节日经济包含两个方面,一个是节日经济,一个是假日经济。节日经济,很明显,就是我们所谓的传统节日,有的被列为国家法定假日,有的没有。比如说春节、清明节、端午节、中秋节,这些传统节日已经被列为法定假日,形成了"过节+放假"的模式。有的传统节日没有被列入国家法定假日,如元宵节、中元节、冬至等等,只是过节,但不放假。但是不管是否被列为国家法定假日,都不影响民俗经济的产生。以冬至为例,北方都要吃水饺,这已经形成了一种固定的节日仪式,人们认为这样可以避免在寒冬里冻坏耳朵。因此,饺子在冬至日异常火爆,这就是因民俗行为产生的民俗经济。单看这一个习俗,产生的经济效益就不可小觑。比如,面粉、蔬菜、肉类等的食用量都会随之增长。这便是民俗经济。再以元宵为例。北方吃饺子,南方吃汤圆,同样能够产生巨大的市场效应。据相关市场估计,浙江宁波汤圆在江浙一带,几乎每家都会出现。再如端午期间,很多商家开展的来料加工教你包粽子就颇受消费者青睐,现场的销售基本都是一片火爆。这样的消

---

[1] [西汉]司马迁:《史记》,北京:中华书局,1982年。
[2] 谭佩儒:《节日经济的企业对策探析》,载《商业研究》2013年第4期。

费增值，基本是依赖民俗而产生。

除了节日经济，还有假日经济。所谓假日，也可分为两种，一种就是国家规定的给人们休息的日子，这是集体行为。再有就是个人行为，比如公司里个人的年假等等。不管是集体的假日还是个人的假日，给经济升温，自不必言说。这一点从国庆长假、五一小长假等可见一斑。"黄金周"带动的旅游、购物、饮食等经济收益给国内生产总值的贡献非常可观。而个人的假日，通常都会选择出游或者购物，同样能够产生假日经济。因为没有传统节日的传承与认知，想要获得消费者的认同、刺激消费者的消费欲望，营销不可或缺。节日营销，顾名思义就是指在节日期间，利用消费者节日消费的心理，综合运用广告、公演、现场售卖等营销手段，进行产品、品牌的推介活动，旨在提高产品销售力，提升品牌的形象。归属上，节日营销是整个营销规划的一部分，而不是短期售卖活动，对于一些节日消费类产品来说，它的意义显得更为重要。

随着西方文化的涌入、社会的多元融合，一种新的节日经济也在悄然产生，这种新的节日即所谓都市现代节日。在城市里，这种节日很多，而且还会有相应的仪式活动。都市节日也有两种存在形态，一种是完全的西方节日，如万圣节。在西方国家，这样的节日作为传统节日，就能产生很大的经济效应。一项调查显示，2014年美国本土居民平均每人在万圣节花费 250 美元，而全美零售商联合会（NRF）对万圣节消费进行了数据统计，该节日为美国整体创造 74 亿美元的国民消费，花销涉及万圣节服装、糖果、装饰物以及万圣节派对等。英国 CouponCodesPro. com 公司对 3 300 名美国成年人的调查显示，约有 37% 的受访者会在万圣节前花 2 到 4 周时间来准备。万圣节当天的索要糖果风俗（trick-or-treat）将平均消费 39 美元，万圣节服装平均 60 美元一套，节日装饰平均消费

55 美元,而筹备一场万圣节派对的平均消费为 103.50 美元。^① 由此可见,因节日民俗而产生的消费具有普遍性。万圣节在西方属于传统节日,流传到中国以后,成为都市节日,因为在农村,基本不会出现万圣节的相关活动。在中国的都市,万圣节的南瓜、面具、奇异服装等在万圣节前夕同样产生很大的经济效益。

另一种都市节日并不是完全照搬西方,而是有着本土文化之根,如情人节。在中国,七夕即为情人节。后来西方"2.14"的植入,导致七夕情人节的势头骤降。后来在传统文化复兴的背景下,中国的情人节慢慢抬头,很多商家在七夕当天的营业额也是飙升。但是,若将中国的七夕与西方的情人节相比,很多人还是更愿意过西方节日。2010 年的正月初一,既是传统春节,又是情人节,50 年难得的一次重合,双重节日罕见加话题性的炒作,当日相关的各大行业的销售额异常惊人。其实这种都市节日在本土化和全球化的冲突中,抵制与迎合相伴,有着自己的发明。但是有一点,那便是节日经济的可观。

有了上述节日的土壤,企业节日在中国的产生可谓水到渠成。企业节日可以是自身品牌创立的日子,如京东 6.18 购物节,每年 6 月 18 日是京东店庆日。在店庆月京东都会推出一系列的大型促销活动,以"火红六月"为宣传点,其中 6 月 18 日是京东促销力度最大的一天。根据京东集团公布的数据,截至 2017 年 6 月 18 日 24 时,自 6 月 1 日起累计的下单金额达 1 199 亿元。^② 当然,在

---

① 数据统计来自东方网。原文标题:《美国人将花 74 亿美元过万圣节,用 3.5 亿装扮宠物》,http://news.eastday.com/eastday/13news/auto/news/world/u7ai2881165_K4.html,发表时间 2014.10.30,10:43:06,本人登录时间为 2017.10.23,08:15。
② 数据统计来自无极网。原文标题:《疯狂 6.18:京东平台累计下单金额达 1199 亿元》,http://net.yesky.com/internet/328/230148328.shtml,发表时间 2017.6.19,本人登录时间为 2017.9.23,16:15。

京东的企业节日里，其他电商也可以利用这样的节日搞一定的促销活动，比如天猫也加入到了 6.18 促销活动当中。虽然没有像京东一样公布具体的销量数字，但天猫方面表示，在 6.18 活动开始的 7 分钟内，天猫国际的成交量就已经破亿；10 分钟后，服饰类商品成交量破 10 亿；快销类商品在开始后的半小时内同比增长了 378%，天猫超市的销量也比去年同期增长了 13 倍之多。其他的还有小米科技的"米粉"节。小米公司是在 2010 年 4 月 6 日成立的，为了感谢"米粉"们对小米公司的支持与陪伴，回馈一路支持的粉丝，每年都会在这一天举办粉丝的盛大狂欢，进行对"米粉"的答谢活动，所以把这一天命名为"米粉"节。

另外一种企业节日的形式便是偶然间产生的。如阿里巴巴的"双十一"。"双十一"网购狂欢节最早始于淘宝商城（天猫）2009年 11 月 11 日举办的促销活动，当时参与的商家数量和促销力度均有限，但营业额远超预想的效果。于是 11 月 11 日成为阿里巴巴的企业节日，也是天猫举办大规模促销活动的固定日期。发展到后来，"双十一"有了更多的仪式，如祭拜阿里巴巴前任总裁马云，人们认为能够赢得财运。此外，因为"11.11"有着单身的意思，于是脱单派对也随之产生。

随着经济的繁荣与社会的快速发展，人们的生活水平逐步提高，这使得消费者的需求开始由大众消费逐渐向个性消费转变。在以往，商家通常把定制营销和个性服务作为追逐市场利益的法宝，将卖场作为节日营销的主角。如沃尔玛企业深圳店曾开辟先例，让顾客自己设计礼篮或提供不同型号的礼篮，由顾客挑选礼品，不限数量、品种、金额，既可迎合不同的消费需求，又可充分掌握价格尺度。此法一经推出便受到消费者的欢迎，不仅大大增加了生鲜部的利润，也促进了其他部门的销售。但是，节日营销不能停留在价格战,让广告战、促销战等围绕价格战而展开,企业节日必须用文化来进行滋养。

　　企业节日对于企业来说,不管是偶然形成的还是专门制定的,其最初的设置目的是给企业带来增值效益。随着市场化的调节,企业节日的存在形式也呈现出不同的态势。有的企业节日每年都在持续,而且越来越符合节日的特点,且规模声势浩大;有的企业节日完全变成了促销日,失去了"节日"本该有的特点。因此,如何让企业节日越来越像节日,而不是促销日,这是企业所要解决的问题。

第二节　企业节日:作为新节庆的影响及问题

　　企业节日作为一种新节庆,它的巨大商业价值亟须开发,但开发得是否得当、合理,直接影响着节日的持久性。好的企业节日不仅能够帮助树立企业的形象,而且还能涵养企业的精神,让企业更具文化。企业节日如何具有长久性? 如何创造最大的经济效应? 只有通过民俗经济的推行实现民众的认同性消费,形成认同性经济,才能帮助企业更好地完成终极目标,最终实现盈利。

　　既然企业节日是企业的文化项目,是作为企业文化战略来施行,那么企业节日的影响必然深远,能够对市场产生正面效应。"市场习俗是企业'有组织的记忆'。在企业里,习惯与惯例起了知识与技能的储存仓库的作用。多数工作技能都与企业习俗相关联,多数企业行为都是直接或间接地反映着企业的习惯和惯例。说它是'有组织的记忆',这是因为不论是'熟练工作'还是'非熟练工作'都包含一定的实际知识,或随时间推移而获得的和依惯例形成的实际技能。事实上,一个企业多数技能都是由一套有联系的习惯组成的,它在相当长的时期内形成,并广泛地扎根在企业有关成员的头脑中。在许多场合它是企业成文制度和不成文制度的补充或直接表现形式,其中心价值包含着一种'善'的判断(即'应当这样')。习俗还影响着企业的刚性定价原则。当然,习惯价格的刚性,并不是指一个固定不变的价位点,而是指与市场最佳联系的灵活的价位波动区间。"①从这段话中,我们可以看出,习俗对于企业的重要性,对于企业把握市场规则的重要性。

那么,习俗如何体现? 如何让一个企业通过习俗去占领市场呢? 企业节日是一个好的切入口。企业节日如果仅仅停留在管理学、市场营销的视域中去研究,那么对于市场的把握或许没有将企业节日放在民俗学的视域中去研究实现的价值高。在民俗学的视域中研究企业节日,对于企业来讲,能够增强企业的文化品牌,增强员工的向心力和团结性;对于民众来讲,企业节日能够完成他们的身份转变,民众能够从一个他者转变为参与者。这样,企业节日不仅是企业的节日,更会因为"节日"的独特效应吸引全民的主动参与,成为全民的节日。在这样的节日里,企业、民众形成一种互动,成为共同体。因此,企业作为设置节日的主体,不再停留在利益既得者这样一元的身份,而是与民众一样,成为节日的一部分。民众同样不再是单纯的消费者,而会与企业一同过节,与企业有着共同的信仰,参与到共同的仪式中去。

分析企业节日的问题,首先要讨论一下企业文化。企业文化是在一定社会文化背景下,一个企业内部的管理文化,是一个企业

---

① 张雄:《习俗与市场——从康芒斯等人对市场习俗的分析谈起》,载《中国社会科学》1996 年第 5 期。

价值观念、经营理念以及指导思想的总和，是一种现代管理理论和管理方式的结合，是一种精神动力和文化资源的存在模式，是企业生存的灵魂和发展的方向盘，能够为企业的发展提供强大的内驱力。从管理学领域追溯，企业文化理论的形成始于 20 世纪 80 年代的美国。彼时，整个国际经济形势都发生了巨大的变化，日本在短短二十多年的时间里，由一个战败国一跃成为世界第二发达资本主义国家，成为美国企业的主要竞争对手，这促使人们对这一现象进行深刻反思。经过深入分析，人们发现在企业竞争过程中，是企业文化使日本迅速崛起，是企业文化对日本经济发展起了主要作用。于是，以美国为首的西方企业界掀起了一股创建企业文化的热潮。同理，中国也是一样，企业文化热潮只有更甚。在近二十年以来，不管是何种规模的企业，对于企业文化的重视越来越成为企业的主流风向。

　　"在中国，企业文化有着中国特色。我国的工业企业，在市场经济的大潮中，继承和发展了中国的传统文化。同时，不断融合和借鉴世界各国企业的先进文化，建设和形成了中国特色的企业文化。一般典型的代表有：品牌文化、情感文化、人才文化和信用文化等。"①这些文化有着西方特点，也有着中国本色，如品牌文化。虽然品牌最早可能源于西方，但是在中国，对于品牌的意识也越来越得到强调和重视。至本世纪初，"中国在经过二十余年的改革开放后，经济持续、稳定、快速地增长。消费市场在经过商品数量短缺、品牌单调和贫乏的卖方市场后，已发展到市场商品琳琅满目、品牌众多的买方市场。在这个大背景下，居民消费的品位提高，品牌概念逐渐深入人心，大多数消费者已开始从'商品消费'进入'品

---

① 龙移风：《探索中国的企业文化》，载《华东经济管理》2005 年第 2 期。

牌消费'阶段。"①2016 年 6 月 20 日，国务院正式向全国发布《关于发挥品牌引领作用，推动供需结构升级的意见》的重要文件，这是关于中国品牌建设与发展等方面具有里程碑意义的重要文件。2017 年 4 月 24 日，国务院又发文《国务院关于同意设立"中国品牌日"的批复》，同意自 2017 年起，将每年 5 月 10 日设立为"中国品牌日"。② 自此，中国品牌日正式诞生。2017 年 5 月 10 日为中国第一个"中国品牌日"。

再如情感文化。中国是一个讲人情的社会。企业作为一个封闭的小型社会，对于人情的讲究也是有着极大的体现。虽然市场竞争激烈，但是情感开道依旧是不变的规律。对于企业和企业的员工来说，情感是将全体员工联结在一起的重要纽带，是形成企业认同的重要前提。情感文化不光体现在企业内部，还体现在企业的营销过程中。企业与消费者的关系并非单一的买卖关系、利益关系，企业与消费者的情感交流也是生产经营的动力，是认同性经济产生的前置要因。企业生产出的既是产品也是一种文化，消费者购买的不仅是企业的产品和品牌，也是一种情结反映。生产经营者和消费者在市场交易中和市场循环过程中，完成了对一种文化的再认同，也创造了一种时尚文化氛围。在这种文化氛围中，企业能更好地构建企业文化。

企业节日凝聚着企业文化的诸多特点，应当说是企业文化的物化表现形式。企业节日的品牌文化、情感文化、人才文化、信用文化等，无一不可以在企业节日中呈现。企业节日作为一种重要

---

① 何学威：《民俗文化产业与振兴民族经济》，载《中南工业大学学报》（社会科学版）2000 年第 2 期。
② 消息来自新浪财经。原文标题：《国务院：2017 年起每年 5 月 10 日设立为中国品牌日》，http：//finance. sina. com. cn/china/gncj/2017 - 05 - 02/doc - ifyetxec7304853. shtml，发表时间 2017. 5. 2，15：54，本人登录时间为 2017. 8. 23，09：15。

的时间标志,是推广自己产品和品牌的最佳销售平台,能够在企业节日创造出巨大经济效益。企业节日首先是一个节日,既然是节日,那必然是共庆的日子,也是联络企业与民众的好时机。在企业节日当天,民众通过参与的方式,通过一系列的仪式,便能够完成身份的转变,从完全的客体转变为节日中的一分子。如小米科技的"米粉"即为如此。在小米科技的企业节日——"米粉"节上,所有的"米粉"都可以对小米手机说出自己的感受。这样的举措不仅能够帮助企业更好地改良自己的产品,同时也能够让民众或者说消费者作为企业一分子的身份出现,增强对企业的认同。从一个到两个,从两个到多个,这样的认同可以无限制地传递下去,产生的结果就是人人都会将自己视为企业的一分子,一旦新品出来,都会加入到购买的大潮。由此,认同性经济便自然而然产生了。其他如人才文化、信用文化在企业节日中同样不可或缺。没有人才,企业节日的设置便不能很好地完成。在这里,我们需要提出的是,企业节日想要完美地展现出"节日"的属性,民俗学的人才不能少。因为只有懂得民俗的人,才会知道节日里需要做什么,以及做这些的意义。

　　企业节日同样存在多种问题。企业节日与传统节日不一样,传统节日经过多年的文化认同,已经成为一种民俗。而企业节日则不然,企业节日应当说还是一种新民俗,在很多学者眼中,甚至说不上是民俗,倘若发展不好,很容易走向"泛民俗",继而消失。"1962年,莫塞尔在《民俗学杂志》上发表了《论当代的民俗主义》一文。他描述了大量借助经过较多加工处理的民歌与民间艺术来宣传本地区文化、吸引外地游客的行为。这些行为有政治上的目的,但更多的目的则在商业上。这种现象被莫塞尔称为'民俗主义'。莫塞尔认为:任何脱离了自身生存的土壤而被作为表演题材孤立地提取出来的'民俗'，都是二手的假货，不能和历史真实互为混淆。"①他还指出：民俗研究者们不应该对此信以为真，把这种假民俗当成是真正的传统文化来研究。莫塞尔所指的"民俗主义"其实正是民俗文化产业，而并非民俗本身。莫塞尔也意识到"民俗主义"与民俗本身的区别，他虽然批评了"民俗主义"不是真实的民俗，但对"民俗主义"存在的理由给予充分的理解，肯定了"民俗主义"在吸引旅游者，提高民俗艺术的艺术境界等方面的文化功能。在莫塞尔的时代，民俗文化产业还不很发达，但他已经意识到民俗文化产业与民俗本身的区别。

其实，企业节日也存在这种问题。企业节日该定位为民俗还是民俗文化产业，需要经过实际的验证。民俗与民俗文化产业有不同之处，但也有共通性。"民俗文化是隐藏在人民生活与思想中的象征符号。每个民俗文化符号，都传达着特定的民族的、民俗的、历史和文化的内涵。民俗文化符号以物质或精神的形式融入商品之中，即会产生'超值'现象。发掘、生产、销售这种'民俗文化符号'，是第三产业今后发展的一个十分重要的方面——民俗文化产业。"②民俗带动着民俗文化产业的发展，民俗文化产业也促进民俗的日益加深与固化。

如果单从时间维度看，企业节日断然不能称为民俗。因为按照有的说法"构成传承现象，有一个起码的时间要求，即要延续三代以上，否则不足以称为传承"；③或者按照德国民俗学界所认为的"大约需要历经七十余年，约三代人"。④ 如此，企业节日不能算

① 耿波、张士闪：《城乡关系视野下的民俗与伪民俗》，载"大众网"2015年1月28日。
② 何学威：《民俗文化产业与振兴民族经济》，载《中南工业大学学报》（社会科学版）2000年第2期。
③ 张紫晨：《民间文艺学原理》，石家庄：花山文艺出版社，1991年，第106页。
④ 贺学君：《民俗变异与民俗学者的立场》，载《西北民族研究》2003年第3期。

作传统意义上的民俗。然而,"新民俗"的时间却没有严格的要求,所以,将企业节日定位为新民俗,当无不妥。新民俗的产生方式有多种,有的是用新形式表现传统民俗内容,如新春拜年由本人提着新年礼物登门的形式变为短信拜年、电话拜年、微信拜年等新形式,传统的压岁钱也变成微信红包的形式发放;有些是扩展了传统民俗内容,如除夕守岁变为集体狂欢,春节团圆发展成全家出游等;有些是无任何相应传统内容而因为社会政治、经济、文化等的变化而产生的新民俗,如都市节日的产生,圣诞节、万圣节等。

"随着社会经济的发展,文化产业的民俗文化含量越来越大,商品的民俗文化附加值越来越高。利用它可以为经济发展服务,忽视它有时又会成为经济发展的阻力。正是这种积久成习的文化传统,对民族共同心理素质的形成起着举足轻重的影响。所以尊重民族的风俗习惯,承认民族在独特的语言环境、地域环境和经济生活环境中形成的民俗,不仅是搞好民族团结的基础,也是经济政策制定的可靠依据。"[1]这些都体现了民俗文化产业的重要性。

企业节日虽然不能称之为传统意义上的民俗,但可以将企业节日视为新民俗。新民俗在时间方面没有特别的规定,而且企业节日就是因为市场的关系而产生的新民俗。这种新民俗能够因民俗文化产业的带动得到更好的推广。企业产出的物质设施和物质产品是产业化的物化形式,是一种符号,是印着企业特殊意义的符号。企业的每一项活动(企业节日)、每一件器物(企业的产品)、每一个仪式(企业节日仪式)都是按照特定的主题进行编码、演绎,它们传达的是企业的民俗文化信息,能够集中反映民众的消费心理或审美心理,是能够创造出经济效益的民俗文化符号。如此,企业

---

① 何学威:《经济民俗学》,北京:中国建材工业出版社,2000年,第11页。

节日的民俗特质在"节日"属性的彰显下，在民俗文化产业的经济力量支持下，以经济腾飞与发展带动民俗文化发展，以传统民俗文化的发扬光大促进经济的繁荣，发展的道路应该会走得更远。

第三节　企业节日与传统节日的比较

节日，是民众集聚、狂欢的时刻，这一点从《说文解字》中对于"节日"两字的解释即可见一斑。《说文解字》对于"节"的解释是"竹约也。从竹，即声。"对"日"的解释是"实也。太阳之精不亏。从口一。象形。凡日之属皆从日。"由此可见，节日与人群的聚集、时间的节点相关。可以这样概括，节日就是在特殊的时间，大家聚集在一起做一些有意义的事情。此外，节日还与民俗相关，"节日是相对于平时而言的。节日本指节气时令中两节气的交接之日。起源于古代农业社会的不少传统节日同民俗活动与节气时令的结合相关。"[①]节日里有民俗活动，这是传统节日的重要标志之一。

传统节日作为日常生活中最重要的节庆日子，是传统社会重要的时间标志，承担着各种社会生活的习俗与身体操演。在传统社会，它与生产生活密切相关，人们按照农时安排一年的耕种；在现代社会，它是人们精神生活的最佳载体，人们在节日里举行仪式，形成各种各样的消费。尤其是在文化自觉的当下，人们对于祖先留下的精神财富倍加珍惜与呵护。虽然20世纪初，西学东渐，传统节日有被西化的可能。汉武帝创制并沿用的太初历纪年方式

---

① 王文章：《大力弘扬传统节日文化(代序)》，载李松等编：《节日研究》第一辑，济南：山东大学出版社，2010年，第1页。

至民国时期，被孙中山引进的西洋历法替代。民国建立后推行西方公元纪年，改变传统正朔，以公历为标准纪年，将 1912 年 1 月 1 日定为民国元年元旦。此后，1914 年袁世凯又批准北京政府的内务部呈文，将农历新年岁首在官方意义上正式易名为"春节"，把原来专用于表述农历新年的"元旦"称谓用于公历新年第一天。1949 年新中国建立后，沿用公历纪年，继承"元旦"、"春节"概念。① 从春节的易名我们可以看出传统节日的几经波折，然而即便"名"更，但"实"还存在，节日里的民俗活动并没有完全因为更名而消失，春节的习俗每年都有。

21 世纪初对于传统节日的保护，开始受到重视。2004 年 3 月 5 日，中国人民大学校长纪宝成教授向全国人民代表大会十届二次会议提交了《关于增加除夕、清明、端午、中秋等传统节日作为法定假日的议案》，传统节日保护问题成为国内舆论的焦点。到了当下，尤其是在大力弘扬传统文化、复兴优秀传统文化的契机下，传统节日的保护越发得到重视。之所以如此重视，是因为传统节日对于传承中华各类优秀传统文化至关重要，比如各种传统节日是传承民俗饮食文化的重要节日平台，在各个传统节日我们都有相应节日食品以及饮食习俗，这为中华饮食文化的发展、传播奠定了基础，在世界饮食体系中，中华美食扬名天下，这些都得益于传统节日这样的重要时节。此外，传统节日还是展示地域独特文学艺术形式的重要窗口。"节日源于祭仪，今天我们所看到的传统节日庆典，几乎都是在古老祭仪的基础上发展起来的。今天在我们看来完全是出于娱人需要而表演的戏剧、歌舞，在古代几乎都是出于娱神的需要而产生的。正是这个缘故，历史上绝大多数的戏台

---

① 萧放：《春节》，载刘魁立编：《中国节典：四大传统节日》，合肥：安徽教育出版社，2008 年，第 16—17 页。

都建在庙宇的对面。只是随着人们信仰观念的淡化，戏台才渐渐远离庙堂，步入闹市，并成为娱人的场所。在古代，娱神最常用的手段是歌舞。今天我们所看到的傩舞，就是这种传统歌舞形式的最古老的残留。但宋元以降，随着戏剧艺术的崛起，人们的娱神方式也开始由歌舞向戏曲转化。"①节日里的戏剧对于弘扬中华传统戏曲非常有利。

当然，传统节日也是加强伦理道德建设的重要时间点，是凝聚家族血缘的平台，尤其是在清明节这样的传统祭祖节日中。中国人信仰鬼神，尤其是自己的祖先。"在中国，人人崇拜祖先，亘古今而不衰。所以祭祖的礼俗，是家族组织中所最重视的，而这礼俗，行之又最普遍。如果说中国有宗教的话，那么，这种宗教，就是拜祖教。"②祖先崇拜在官方和民间都有着合法的地位，受到保护和支持。"官方支持祖先崇拜的基本动机在于：祭祀祖先有助于强化血缘家族体系，而血缘家族体系是维持正统的社会秩序的重要途径。"③显然，祖先崇拜有助于统治者维系社会的稳定，为此，祖先崇拜活动一直很旺盛。不仅如此，祖先崇拜还有利于小家庭内部的团结。现代化社会，人们往往聚少离多，血缘亲情关系逐渐淡化，而祭祖能将平时疏于联系的家族亲戚聚集在一起，恰是联络情感的好契机。

传统节日作为人类的遗产，具有重要的历史价值以及文化价值，"是民众精神、审美情趣、伦理关系与消费习惯的集中展示日。传统节日有着反映节日物质生活层面的传统；反映节日社会生活

---

① 苑利、顾军：《传统节日遗产保护的价值和原则》，载《中国人民大学学报》2007 年第1 期。
② 何联奎：《中国礼俗研究》，台北：台湾中华书局，1978 年，第 98 页。
③ 杨庆堃：《中国社会中的宗教：宗教的现代社会功能与其历史因素之研究》，范丽珠等译，上海：上海人民出版社，2007 年，第 62—63 页。

层面的传统;体现节日精神生活方面的传统。"①这些都为传统节日里经济民俗的形成作了深厚的铺垫。

企业节日作为企业最重要的日子,是企业最重要的时间标志。因为企业节日里有诸多对于消费者有益的商业举措,这样的时间标志也逐渐成为广大消费者的关注点。人们愿意在这样的节日里守着、看着、等着,尤其是在企业节日注入仪式情感时,人们便会参与进去,成为仪式活动的一部分。

企业节日与传统节日相比,两者都是节日,都想让节日更有意义,不管是为了经济,还是为了文化。但也有不一样的地方。首先,企业节日始于一个小的群体,带着追逐利益的目的而形成,或许会持续很久,或许在商品化社会,会因为创造不了利益而昙花一现。而传统节日是一种历史传承,是经过时间的积淀、文化的沉淀形成的,为人们所认可,由此形成的民俗经济也助推这样的节日成为人们的兴奋点。其次,企业节日与传统节日相比,企业节日更多地体现在经济创收,而传统节日体现的则是文化传承。企业节日在没有民俗化实践的情况下,只能是企业的一种赚钱手段,倘若企业能够将企业节日作为文化战略考虑,使消费者在企业节日当天消费商品的同时能有信仰与参与精神,那企业节日将会真正成为一种"节日",而企业节日的经济也会以认同性经济的形式出现。

"一种事物是否为人们接受、认同,就看它是否具有认知的价值与生活的意义。传统节日是在数千年的文明传承中形成的时间生活传统,它不仅是一个时间段落标志,在节日之上,人们赋予了它丰富的文化意义,它表达着中国人的情感与信仰,与中国人的精

① 萧放:《传统节日:一宗重大的民族文化遗产》,载《北京师范大学学报》(社会科学版)2005 年第 5 期。

神联系密切而强烈。而现代时间体系背后没有本民族的情感与信仰,对我们来说它是一种纯技术的计时手段。"①节日是特殊的日子,是欢乐的日子。人们在节日里愿意消费,而商家也喜欢捕捉人们的节日消费心理,寓动于乐,寓乐于销,制造热点,最终实现节日营销。企业或商家针对不同节日,塑造不同鲜明活动主题,把顾客吸引到自己的柜台前,营造现场气氛,实现节日营销目的。

相较于企业节日,传统节日在利用民俗刺激消费方面有着较大的优势。如端午节,很多卖场会把超市的端头设计成龙舟的形状,龙舟上既可摆放真空粽子,也可摆放宣传端午的物料,在现场就能营造出浓厚的端午节气氛。其他的诸如赠送香包、开展端午文化大赛等民俗表演更增添了节日的热闹气氛,激发了众多消费者主动参与活动的意识,引燃消费热情自然事半功倍。如中秋节,商家可以通过活动演绎出浓烈淳厚的传统亲情文化,在团圆欢聚的亲情中营造出良好的购物环境。其他如灯谜擂台赛、地方民俗文化展示等已成为商家吸引消费者眼球屡试不爽的妙招。以上这些是在传统节日开展的民俗活动中产生的民俗经济。

而企业节日因为没有特定的民俗行为,或者说没有传统意义上的民俗因子,只能通过开展针对性的文化营销,充分挖掘和利用节日的文化内涵,并与自身经营理念和企业文化结合起来。这样不仅可以吸引众多的消费者,给消费者以艺术享受,而且也能带来良好的市场效益,树立良好的企业形象,从而达到企业设立节日的最终目的。企业节日因为自身的特殊性,决定了其具有不同于平常的节日售卖形式。在企业的节日里,推广新品牌,是与消费者亲密接触的绝佳良机。这一点,小米科技做得非常好。平日里,顾客

---

① 萧放:《端午节俗的历史传统及其当代意义》,载《端午与屈原》,北京:中国社会出版社 2016 年,第 6 页。

可以在各大商场直接选购小米手机产品，而在企业节日里，"米粉"们可以跟踪新品的发布，在第一时间抢购到新品，这对于粉丝来说，非常期待。从20世纪90年代的重视商品性价比到今天同质化时代的感觉消费，消费者的购买习惯发生了很大变化，消费者越来越随"心"所欲，而商家精心营造的随"心"所欲售卖氛围，就会使消费者不自觉地"跟着感觉走"，实现目标销售。至于如何才能让企业节日更好地进行民俗实践，后面的章节会有详细的说明。

当然，传统节日有很多方面值得企业节日去学习。中国传统节日的精髓在于，经过传统文化的熏陶，具备了中国传统文化中诸多的积极要素，如"和"。"和"是调节人与人、人与社会之间矛盾、形成友好人际关系的一剂"良药"，也是构建和谐企业的文化源泉。和谐的劳企关系和人际关系是增强企业凝聚力和向心力的必然途径。企业的精神文化，是企业价值观、企业理念等的生发点，这是最重要也是最核心的部分。可以说，对于一个企业来讲，薪酬和福利只是短期内人才资源市场供求关系的体现，而对于企业的认同才是将员工凝聚在一起的最终动力。用传统节日的节日特点来反观企业节日，即企业节日是否具有以人文关怀为主的"快乐宽松"的企业文化氛围，是否有重要的参与仪式，是否有宽松的工作环境，是否能像传统文化一样让员工认识到它的重要性等等，这些都是员工感受比较深刻的东西，也是员工对企业忠诚度的一个影响因素。只有企业的员工首先认同企业节日，这样才会去感染民众，最终让民众也对企业形成认同。

另外，也有学者提出："中国传统节日文化的生存与发展，需要做三个方面的工作：一是提升对传统节日的'文化自觉'，这是中国传统节日文化的生存之本，这方面媒体、学校教育、家庭、社区均有着重要的责任；二是重建传统节日的符号体系，在这方面，企业、商家和政府肩负着重要的使命；三是转换传统节日的参与模式，将封闭型的'血缘共同体参与模式'转换为适应现代生活的开放型的'业缘共同体参与模式'。这对传承与创新传统节日文化有着长远的意义。"①其实这对于企业节日是同样的道理。

　　好的企业节日需要有文化的支撑，也就是"文化自觉"。企业在制定企业节日时，就需要有这样的先行理念，让企业中的每一个人都能感觉到这份文化认同。只有这样，民众才会形成认同。如果企业自己对于节日都没有很深的文化认同度，那么民众必然也就姑且看之了。关于符号体系，应当与文化自觉互为前提。有了文化自觉，便会设计表达这种文化自觉的承载物。相应地，有了符号体系以后，企业节日便有了一套象征系统，不管是在宣传企业，还是对企业节日的推广上，都大有裨益。同理，参与模式方面，企业节日不能只是企业自己的节日，需要形成全民性的节日，能够让民众在企业节日中获得一种参与感，这种参与感如果能带有某种仪式，那势必能够将企业与民众融为一体。

---

① 董金权、徐柳凡：《文化自觉、符号体系与参与模式——传统节日文化的生存发展策略》，载《长江论坛》2008 年第 3 期。

第二章　企业节日：经济民俗学研究新案例

民俗，在经济方面有三种形式：第一种是传统的民俗生产品；第二种是民俗平台；第三种是创造出一种新的民俗品牌。所谓新的民俗品牌就是要创造一种新的符号，要将它变成一个品牌的符号，变成现代企业推进产品市场化的一个符号形式。这便是现代民俗经济的创造。因此，我们也可以把民俗经济视为符号经济的一种，但是民俗符号经济比其他的符号更具传统的内涵与情感。企业节日在这三个方面具有统合的作用，企业节日既是一种销售平台，也是新的民俗品牌的推广阵地。本章将以阿里巴巴的"双十一"和小米科技的"米粉"节为个案，探讨在企业节日中，仪式、情感、参与意识等对经济的影响，分析民俗经济与认同性经济的关系。

第一节　经济与民俗及经济民俗学

在解释民俗和经济之间的关系前，我们首先要了解民俗的一般问题。民俗与经济之间的问题，实际上是民俗学中一般问题的特殊体现。民俗起到的作用可能有很多方面，但我们认为民俗的核心功能还在于认同，它是建构社会认同的文化形式。这在许多国家都是一样的，如日本民俗学最初强调的是"一国民俗学"，这是一种认同。虽然这种观点并不完全符合日本文化的实际，有对多元文化的忽视倾向，然而在某种程度上这也是因为政治的需要，所以这样的坚持也有一定道理。而在中国，对于这种认同的提法要周全得多，如钟敬文先生强调中国民俗学是"多民族的一国民俗学"，[①]这也是强调一种认同，强调文化的统一性，但是这种强调包含了文化多元一体的话语。相对于日本的一国民俗学，多民族的一国民俗学的提法要科学很多。多民族话语其实是要更加强调文化的统一性，只有文化的统一性，多元性才有意义，否则就都是单一的小型独立性，影响文化的交流与共享，不利于社会的发展。再者，强调文化的多元性，本身就是一种认同，是一种共生意义上的认同。

"尽管民俗文化的表现形式不一样，但是民俗文化形成的规则却有着共同的规律：它根植于历史地理环境、经济基础和政治结构，维系一个群体生存的价值体系和社会化模式，不断强化民族意识和民族凝聚力，实现民族精神向现代的转变与复兴。"[②]这就是认同的最高目标。既然认同如此重要，那么认同如何形成呢？民俗有一个特别的形式，我们称之为叙事。也就是说，民俗是通过叙事实现这种文化认同的。叙事有多种形式，其中有一种叙事，讲述的就是消费之道，即讲述那种并非完全是满足生理需求，而是以满足传统与文化需求为目的，先构建消费认同，再形成消费经济。比如婚丧嫁娶这种人情消费。中国是一个人情社会，讲究人情，不管

---

① 钟敬文：《民俗文化学发凡》，载《北京师范大学学报》(社会科学版)1992 年第 5 期。
② 武文主编：《中国民俗学古典文献辑论》，北京：民族出版社，2006 年，第 1 页。

是亲戚,抑或邻居,遇到这种人情消费,但凡有婚丧嫁娶仪式,你不得不送礼,除非你想断绝与邻里之间的往来。但是断绝来往,你依旧得受舆论的谴责,会谴责你不懂人情世故。参加到这样的仪式中而形成人情消费,其消费经济就是民俗经济,它是适应特定的民俗传统的消费。这种消费是基于长期积累形成的文化认同与消费认同。由此,我们可以给这样的民俗经济拟定一个概念,将其称为认同性经济。

有了上述对于民俗的一般特性和因认同性而消费的理解,现在我们再来解释民俗与经济的关系。"经济学一般认为,经济现象乍一看似乎不合理,但实际上是合理的,其实并非如此。即便就算它是合理的,那也只是如同要从巫术和迷信中发掘出合理性的民俗学和人类学所说的合理性而已。如果是这样的话,就有必要从根本上重新来思考一下作为经济学前提的'人'。比如,不是以生产为轴心而是以消费为轴心,以人的欲望为轴心来思考问题。这样一来,针对现在的经济现象而言,民俗学的重要性将一点一点体现出来。"①在经济学中,需求和供给决定市场行情,需求和供给产生消费行为,而消费的主体是人,但人的消费又受风俗习惯或习俗制约,如此转换,民俗学对于经济的影响便凸显了出来。换个角度说,民俗学研究人的衣食住行,而衣食住行又是经济的根本。由此,我们必须要知晓一个事实,那便是有很多的民俗形式和经济息息相关,有的甚至就是经济生活本身。经济学家岩井克人先生就对民俗习惯有着非常浓厚的兴趣。他说,正因为缺乏对习惯,或者说在无意识的情况下发生的经济行为的关注,所以现在经济学正在走下坡路。民俗与经济之间的关系,具体来

---

① 宫田登:《经济学与民俗学——宫田登先生访谈录》,史念译,载《民俗研究》2000年第4期。

说有三种形式。

首先，就是我们现在的民俗产品的生产与消费，包括传统工艺的作品，传统生活民俗的物品，这些属于一种单纯的民俗产品的生产与消费，涉及衣食住行等多方面。饮食方面，比如说我们传统的粽子、月饼、青团等节日食品，以及一些地方小吃，《舌尖上的中国》做得就比较好，基本囊括了传统吃食；喝的方面比如我们流传久远的酒的配方以及酒品，中国白酒、黄酒等消费量是巨大的。这些吃的喝的有的已经形成了品牌，在经济生活中占的比重非常大。尤其是节日里的饮食，几乎每一个传统节日都有特定的节日食品，甚至人们直接用食品名称称呼节日。正月初一，北方饺子，南方年糕。饺子与年糕既是节日美食，又都饱含民俗寓意，饺子谐音"交子"，象征着新年旧年在午夜子时的交替。年糕是南方年节祭祖与馈赠的节日食品，年糕谐音"年高"，意味着人们生活质量年年提高。我们的节日就是一路"吃"过来，正月十五的元宵，二月二的龙鳞饼，三月三的荠菜煮鸡蛋，寒食清明的青团，四月浴佛节的缘豆，五月端午节的粽子，七月七的巧果，八月中秋的月饼，九月重阳的重阳糕，腊月初八的腊八粥，年三十的团年饭。

"人们在节日中注重饮食生活，这固然是在物质匮乏的时代，人们对物质生活的周期性的满足与享受，同时我们必须看到，它是中国人处理天人关系与社会关系的一种特殊表达方式，节日食品在传统社会首先是献给神灵（包括祖先）的祭品，其次才是家庭共享的节日美食。以饮食亲宗族兄弟是自古以来的礼仪，《礼记·礼运》曾经说过：'夫礼之初，始诸饮食'。节日食品在节日不仅是物质产品，同时是文化创造物，如端午粽子、中秋月饼等，每一节日食品都负载着深厚的民俗情感，围绕着节日食品形成了丰富的民俗传说，节日食品不单是节日美味，更多的是一种心情的表达。节日食品的献祭、馈送与集体分享,构成了中国节日物质生活的重要传统。"①所以,在节日里制酿出符合节日意义的食品既能让广大民众感觉到文化的存在意义,也能带动节日经济的形成。

衣着方面,比如说我们穿的传统民俗服装。民间社会中有很多的汉服社、旗袍社,都可以看出民俗服装文化的觉醒。但即便这样,我们现在的民俗服装还是变得越来越少。还有一个就是各民族的服装样式,我们认为都是民俗的服装。但是,中国的经济在服装上面事实上呈现出一种衰弱的形势,因为我们失去了中国民俗服装的主流样式。因此要复兴中国的服装行业,就必须复兴中国的服装民俗。

居住方面,比如说居住空间。我们传统的居住模式基本上也是衰弱了,现在我们住在一个不具备文化传统的空间里。但是我们在这样的衰弱中偶尔也能看到一些民俗文化存在。比如说门,还有一些墙上的挂件和装饰部分,它们还体现着民俗的特征。我们会在春节的时候贴上门神、对联,门槛也会有相应的装饰。在农村,很多家庭的堂屋里面还有少量供奉祖先的牌位,这样一些文化遗存相对保存得较好。但是整体上,在住的传统文化方面我们的损失依旧很大。

出行方面,我们可以看到现在生产的车辆已经非常现代化,但是我们的汽车基本都是进口的或者是合资的,忘却了我们的国家曾经是一个车辆制造的故乡,我们的祖先黄帝就是造车的,名字就叫轩辕,堪称"车神"。为此,我们如何恢复祖先的尊荣,如何再次成为车辆制造的大国强国,这就需要民族的自信。我们可以通过民俗叙事加强这种前身份的认同,增强信念,鼓励生产者、激励消

---

① 萧放:《传统节日:一宗重大的民族文化遗产》,载《北京师范大学学报》(社会科学版)2005年第5期。

费者,从生产和消费两个方面复兴我们对于传统的认知,不仅要造得出来,还要消费得出去。

当然现代化的过程中我们可能也会有一些新的民俗制造品形式,这在婚丧嫁娶的产品中最为常见。比如说婚俗产品,虽然像传统的坐轿子那种形式几乎已不存在,也不会有轿子的生产,但是我们现在把婚车这一部分做得很不错,婚车仪仗队就是民俗的生产与服务形式,依然属于民俗经济的范畴。还有婚宴以及婚礼的仪式,这是婚庆方面的消费,其经济总量惊人。有些婚礼甚至在复古,如着汉服拜堂、办汉式婚礼等,虽然这是婚庆公司搞的营销形式,但是这背后就有经济民俗存在。再比如生日方面,我们现在过生日,过去的长寿面有些地方还在延续,现在蛋糕的生产也大幅度增加了,这也是我们的生日民俗为它的生产与服务带来的增长。此外,丧葬方面的消费也不可小觑。整个丧葬仪式中,有很多的消费和支出,如死者的服装、妆容、骨灰盒、追悼仪式、花圈等。这些是必须的,因为这是对生命的一种尊重形式。所以,丧葬文化既有仪式上的服务,也有很多制作产品的生产。有的城市甚至推出了宠物葬礼,这是民俗的大渗透。跟我们自身相关的节日时间的附属产品也是民俗经济的组成部分,比如说本命年。在本命年,我们要着红色衣服、用红色配饰品等,相关的产品也很多。

以上所有这些民俗的生产品占整个消费市场相当大的比例,这就是民俗与经济的互动,是经济民俗的表现形式。不管是直接的、单纯的民俗生产与消费,还是新的民俗制品形式,这些都是因为认同而产生的消费。

在厘清经济与民俗的相关问题后,对于经济民俗学的界定变得更为清晰。经济民俗学是经济与民俗交叉的新学科,作为一种学术创新,体现了民俗服务技术社会、经济社会的新诉求。在民俗学的自主学科话语建设中，经济民俗学的提出显得尤为重要，能够有效促进民俗学本土学科体系、话语体系的形成。

中国研究民俗学不能绕过西方，西方是我们民俗学研究的引路人，尤其是方法论层面。但中国的民俗学研究不仅是方法问题，还是价值问题，我们的民俗学研究只是在方法论的自觉性上比较弱。因此，民俗学的自主话语研究必须要建立方法论体系，进行方法论的自主探索。

除了理论上要有新突破，民俗学面临的当代社会问题还有很多，比如民俗学在国家层面能够做出多少贡献；民俗学的社会服务功能有多强；民俗学带来的经济增长有多少等等，这些问题的探讨亟须对民俗学学科进行反思。

对于当代研究民俗学的学者们来说，民俗学在新时代也要有"新体系"，发出"新声音"，进行"新建构"。但是这些"新"并非是颠覆过去，而是要在过去的理论体系和话语模式上进行新探索，寻找出更能满足时代要求的学术话语体系和实践操作路径。这就要求学者在进行学科理论创新时，必须对本土文化有情感、有认同，如此才能更好地发现问题、解决问题。

经济民俗学的学科出发点在于以文化带动经济，以文化创新促经济创新，在弘扬中国优秀文化的大框架里建设新话语。民俗行为以认同为基础，因民俗产生的经济便是民俗经济、认同性经济。因此，我们可以说民俗融入经济是文化创新，也是经济创新。

关于传统民俗节庆与经济的关系，在民俗学的学科内已经有了较多关注，而随着时代的进步和社会的发展，新民俗、新节庆也越来越多，且对于经济的影响完全不亚于传统节庆，有时甚至超越了传统节庆。在以往的研究中，学者们普遍认为节庆是有纪念意义的活动和文化形式，而往往将新节庆视为泛民俗、伪民俗，这种论断忽视了节庆的一个重要维度，那就是认同。不管是传统节日还是新节庆，都是因为认同而产生的节日狂欢，也许这种认同的时间有长短之别。但只要是因为对节日的认同而产生的经济便是民俗经济，就属于经济民俗学的研究范围。本书中的企业节日是一个全民狂欢的日子，是一个尚在萌发阶段的新节庆，对于它的成功经验和失败教训之研究都非常重要。

　　民俗是一个充满活力的发酵酶，可以与心理、地理、灾难等各个方面组合，而且还能充分发酵，从而拓宽民俗学的研究边界。民俗有经济维度，各类文化旅游的兴起让"民俗＋"的经济创新模式出现在古村落、民宿、少数民族地区等方面，民俗经济屡创佳绩。民俗与经济的完美组合，便形成了经济民俗学。

　　本书以新节庆——企业节日为研究对象，在经济民俗学的视域中对之进行研究。这是一种新的尝试，尝试以民俗对企业节日进行全面深化包装，充分发挥这种新节日的平台功能，对于节庆的认同途径进行研究、分析、总结，以期给企业带来文化创新、经济创新，从而促进社会与经济的和谐发展。本书还会通过个案对经济民俗学这一新开拓学科提供实践参照。

第二节　企业节日仪式情感塑造：
以阿里巴巴"双十一"为例

　　如果说普通人今天（"双十一"）见面的第一句是"今天你买了吗？"商家们的问候可能是"今天，你拜了吗？"

　　11月10日晚，当网友好奇地观看横空出世的"双11"晚会时，在广州市番禺区电子商业园区，电商们正在举办"双十一"加油大会,摆供品、请按摩师为员工们按摩······然后,延续去年的传统——排队拜马云。与时俱进的是,今年画像上还增加了一个人——刚刚迎娶奶茶妹妹的京东创始人刘强东。

据观察者网此前报道,截至 11 日 9 时 52 分 22 秒,阿里"双十一"成交额超 500 亿元,其中无线交易额占比 72%。①

以上是 2015 年 11 月 11 日观察者网的一则新闻。从这条消息中可以看出,拜马云已经持续了两年。这是民众祈财心理的直观表达。中国传统文化中,福禄寿喜财,这五种最吉祥的状态是人们一直追求的理想状态。"有钱能使鬼推磨"、"破财消灾"、"高富帅"、"白富美"、"财"貌双全等等,古往今来的词汇,对于有"财"的宣扬不绝于耳。在当下社会,对于财的追求更是让人们趋之若鹜。确实,作为一种生活资源,有"财"能够在现实生活中起到非常重要的作用。财是一切生活活动的基础。在高度社会化的今天,婚姻、丧葬、求学、治病等,无一不与财有关。

有了现实的基础,人们在心理上和情感上便对"财"有了强烈的依赖,随之产生的便是财神信仰。"人们无限地夸大了财这种自然之物本来具有的实际功能,将它视为一种无所不能,并且会给自己带来各种好运的神秘之物。这种观念实际上是将人类自己创造的财富异化成了一种凌驾于人类之上的超自然力量,异化成了一种对立于人类而存在的宗教灵化物。受到这种广泛存在的神化财富功能的心理驱使,财富的吉祥意义与吉祥性质于是便也由物质

---

① 消息源于观察者网。原文标题为《"双十一"广州电商排队拜马云刘强东画像》,http://www.guancha.cn/economy/2015_11_11_340882.shtml。发表时间 2015.11.11,11:01:07,本人登录时间为 2017.11.24,21:29。

的、生活的层面拓展到了心理的与信仰的层面。"①因此，拜财神不再是商家独有的行为，早已"飞入寻常百姓家"了。对于马云的祭拜，也找到了心理上的来源。

"双十一"如此火爆，从一个偶然的日子发展成如此具有规模的企业节日且朝着新民俗的方向发展，引发了财神信仰仪式、脱单仪式等，其原因何在？笔者认为民众因节日产生的认同是根本。这种认同源自民俗主体的民俗心理、参与精神、信仰习俗，在这种认同下形成的经济效益便是民俗经济。所以，将企业节日发展成新民俗继而形成认同性消费，当是阿里巴巴"双十一"销售神话的内驱力之一。

"双十一"，指每年11月11日的网络促销日。2009年的11月11日，淘宝商城举行了一场大型促销活动。当时参与的商家虽不是很多，且让利的幅度有限，但民众参与的热情与活动结束后的销售额呈现了"喜出望外"之势。淘宝商城见状，遂将此促销日固定，此后"双十一"也被定为阿里巴巴的企业节日，成为一项都市新民俗。"双十一"能够被阿里看中，选择在这一天进行促销，从节日本身来说，"光棍节"有一个文化积淀，也正是这种似节日又非节日的好时机，才被阿里巴巴成功收编。而"光棍节"成为阿里巴巴创下销售神话的节日，有着先天的时间优势。在古代，"如'酉市'也好，月读神社也好，都是从时间上加以划分的。被划分界定的那个时点后来就成为了进行交易的时间。比如现在也有在中元节和岁末展开的销售战。因而划分时间就成了一种经济行为，而在划分的根本上有着不合理的部分，这的确是民俗学的研究对象。"②所以，

---

① 蔡丰明：《祈财民俗》，天津：天津人民出版社，2011年，"前言"，第1—2页。
② 宫田登：《经济学与民俗学——宫田登先生访谈录》，史念译，载《民俗研究》2000年第4期。

11月,在经过国庆节之后,距离圣诞节还有一段时间,在秋冬换季这样的绝佳商业间隙,"光棍节"讨了极好的彩头。

"双十一",阿拉伯数字的表达形式是11.11,因为包含四个1,形似四根光滑的棍子,于是"光棍"之义自然而生。关于文化意义上的"光棍节",其兴起有几种说法,于全有等整理了三个版本,分别为校园版、博彩版和典故版。其中校园版的支持者较多。"校园版'光棍节',既非传统意义上的'土节',也不是舶来的'洋节',乃是20世纪90年代初诞生于高校中的校园趣味文化的代表产品之一。'光棍节'的创意,最初来源于高校大学生们对数字'1'的联想。因为数字'1'就像一个形单影只的光棍,而每每在11月11日晚上11点时,校园中往往会听到因有学生敲打脸盆、饭碗、杯子等而出现的'乒乒乓乓'的声响及男女声部都有的'光棍万岁'之类的喊声,并间或穿插着'某某某我爱你'之类的喧嚣,将欢乐的气氛推

向高潮。'光棍节'的说法便由此产生。这种'光棍节'说法的用意,最初主要是用于对在校大学生们的这种带有恶搞的行为与现象的一种调侃的说法。随着一批批高校毕业生走出校园,近两年,'光棍节'的气氛竟悄然由校园向社会弥漫,并在网络传媒的推波助澜下,逐渐在社会范围内形成了一种过

图2-1　网络流传"光棍节"图片①

① 图片源于齐鲁网。原文标题为《"光棍节"由来、"光棍节"短信大全、"光棍节"搞笑签名》,http://rizhao.iqilu.com/rzsh/yl/2015/1026/2583513.shtml。发表时间2015.10.26,17:10,本人登录时间为2017.11.24,22:29。

'光棍节'的文化氛围。11 月 11 日便被人称为'光棍节'，亦称'光光节'。与之相应，又有人把 1 月 1 日称为'小光棍节'，把 1 月 11 日和 11 月 1 日称为'中光棍节'。"①应当说，校园版的"光棍节"意义最简洁，同时也最能引起广大"光棍"的共鸣，甚至是非光棍的情感共振。有这样的基础，在后来兴起的"双十一"中，这群人便成为最大的消费群体。

相较于校园版的现代性，典故版从文化根源和民俗特色上更具故事性。"传说公元 3 世纪时，古罗马有一位暴君叫克劳多斯。由于当时古罗马的战事一直连绵不断，暴君克劳多斯便征召了大批国民前往战场。为了保证国人忠于战争，克劳多斯下令禁止人们在此时结婚，甚至连已订了婚的人也要马上解除婚约。牧师瓦伦丁对克劳多斯的暴行感到非常难过。当一对准备结婚的情侣来到神庙请求瓦伦丁的帮助时，瓦伦丁便在神圣的祭坛前为他们悄悄地举行了婚礼仪式。随后，此消息一传十，十传百，很多想结婚的人因此来到这里，在牧师瓦伦丁的帮助下结成伴侣。消息终于传到了克劳多斯的耳里。克劳多斯勃然大怒，暴跳如雷，命令他的士兵们冲进神庙，将正在为一对新人举行婚礼仪式的牧师瓦伦丁从这对新人的身旁强行拖走，投入地牢。公元 270 年 11 月 11 日，瓦伦丁最终在地牢里受尽折磨而死。悲伤的瓦伦丁的朋友们将瓦伦丁的遗体安葬在圣普拉教堂。后来，为了纪念这位牧师瓦伦丁，人们便把'11 月 11 日'这一天作为'光棍节'来纪念他。"②典故版

---

① 于全有、裴景瑞：《"光棍"族新词与社会文化心理通观》，载《文化学刊》2007 年第 2 期。

② 典故版详参于全有、裴景瑞：《"光棍"族新词与社会文化心理通观》，载《文化学刊》2007 年第 2 期。于全有、裴景瑞在该篇论文中提出典故版根据互联网相关资料整理。笔者据此查了一下，瓦伦丁故事版本较多，然其殉难日多认为是 2 月 14 日，也就是我们现在的情人节。网友们调侃成 11 月 11 日，在证据方面欠妥，但这样的"穿凿附会"更多的可能性是源自于网友们的脱单心理。

的传说中，我们可以看出"光棍节"是源于西方的概念，并非本土化的节日。

不管是哪个版本，"光棍节"折射的是一种社会文化心理，民众在这个都市节日里践行了相应的节日仪式，比如"光棍节"当天，要买两根油条，每一根都掰开，形成四根，象征11.11；要坐11路公交车两次，属于不带有目的地的出行，两趟11路形成了11.11；中午11点11分准时吃饭，晚上11点11分准时睡觉；吃饭的时候要用两双筷子，左右手各一双，同样形成了11.11。不仅如此，网络上关于光棍们的称呼也非常多，如光光、明明、金棍、银棍等。由此，形成了一系列的节日文化。

节日里产生消费，这一点自古已然。南北朝宗懔在《荆楚岁时记》中将节日习俗与消费的关系就论述得非常多，其中既有与生产相关的习俗描述，也有节日相关物品的生产与消费描述。传统节日产生消费，这个自不必说，在"光棍节"这样的现代都市节日中，消费的产生也是非常有动力。比如，当天光棍们会购买光棍身份证、印有"光棍"字样的T恤、水杯、手提袋、钱包等等，以此来庆祝节日的到来，同时积极参与到节日中去。此外，脱单派对、集体相亲、光光婚礼等仪式也屡见不鲜。如此一来，企业也开始注意到"光棍节"。

阿里巴巴作为互联网销售平台的龙头老大，第一时间嗅到了"光棍节"的商机。2009年阿里将这个节日首先定为促销日，而后又变为自己企业的狂欢节，最后固定为自己的企业节日。2012年1月11日，淘宝商城正式改名为天猫商城，是年的营销标语变为"上天猫，就购（够）了"。也正是在这一年，淘宝注册了"双十一"等一系列商标。在为自身节日造势上，阿里巴巴一点都不含糊，从2015年开始，阿里巴巴从娱乐方面入手，用晚会的形式与民狂欢。

2015 年 11 月 10 日晚 20:30 分,阿里巴巴在湖南卫视举办"双十一"盛大晚会。该晚会由冯小刚执导,致力于打造一台全民狂欢的"春晚"。2016 年 11 月 10 日,继冯小刚之后,晚会进一步走国际化道路,推进全球化,邀请来了在美国有"超级碗之王"之称的金牌节目制作人大卫·希尔担纲晚会的总导演,大卫·希尔曾督导过 20 多年美国"超级碗",并负责制作第 88 届奥斯卡颁奖晚会、《美国偶像》等脍炙人口的经典电视节目。不仅如此,天猫还吸引来梅西百货等全球百货巨头参与这场消费狂欢,而包括日本、美国、俄罗斯、西班牙在内的全球 235 个国家和地区都参与到这场"双十一"狂欢当中。相关人士指出,"双十一"很有可能会超过美国的"黑色星期五"。2017 年 6 月 29 日,阿里巴巴集团宣布,与"综艺之王"浙江卫视、"剧场之王"北京卫视和"创新之王"深圳卫视达成战略合作,"双十一"全球狂欢节推出"三台一晚"联动直播的盛况,共同打造最具全球影响力的全民狂欢夜。2017 年的"双十一",阿里巴巴集团还首次开放部分晚会黄金时间段,打造属于自己的"奥运 8 分钟"。[①] 阿里巴巴这样的节日造势,也为其销售额创造了神话。2009 年开始,销售额只有 5 000 万元,[②]到 2017 年的"双十一"全球狂欢节,天猫销售额达到了 1 682 亿元。[③] 这也是上文提及的拜马云的重要因素。

---

① "奥运 8 分钟"是指奥运会闭幕式 8 分钟表演,通过这样的表演能够展示下届奥运会举办国的文化特色、艺术精髓以及体育强项。这里阿里巴巴借用这一特定术语,意指在晚会当中展示企业的文化特点及品牌特色等。

② 数据统计来自凤凰科技。原文标题:《天猫"双 11"交易额 7 小时 22 分达 912 亿 超过 2015 年"双 11"全天》,http://tech.ifeng.com/a/20171111/44755945_0.shtml?_zbs_baidu_bk,发表时间 2017.11.11,08:38:55,本人登录时间为 2017.11.23, 08:15。

③ 数据统计来自新浪科技。原文标题:《2017 天猫"双 11"成交额 1 682 亿元 支付达 14.8 亿笔》,http://tech.sina.com.cn/i/2017 - 11 - 12/doc-ifynshev5376614. shtml,发表时间 2017.11.12,00:00,本人登录时间为 2017.11.23,08:23。

图 2 - 2　2017 年"双十一"天猫销售额①

　　一个普通的日子，被大众创造、建构，继而被企业青睐，注册商标成为自己的企业节日。此外，在这样的节日里，通过一定的方式，人们参与到同一个节日中去，形成了一定的行为习惯，因消费引发了财神信仰仪式、去单身化仪式等，所有这一切都在牵引着这个节日民俗化的走向。钟敬文先生曾指出民俗的集体性、类型性、传承性和扩布性、相对稳定性、规范性和服务性五个特点。阿里巴巴的"双十一"作为企业节日，逐步具备上述五个特点，成为一种都市新民俗。后文从以下几个方面阐述企业节日成为新民俗的重要促成原因。

　　首先，节日符号认同。"在百万年的人类进化过程中，由生存和选择构成的整个情感系统，已为充满意义的符号世界取代，于是

①　图片来自新浪科技。原文标题：《2017 天猫"双 11"成交额 1 682 亿元　支付达 14. 8 亿笔》，http：//tech. sina. com. cn/i/2017 - 11 - 12/doc-ifynshev5376614. shtml，发表时间 2017. 11. 12，00：00，本人登录时间为 2017. 11. 23，08：23。

也与人对感官刺激所作的直接反应形成了区别。友善和敌对、快乐和痛苦、欲望和压抑、安全和恐惧——人们对于这一切的经验都是靠事物的意义而不是简单地靠它们可以让人感知的属性来实现的。"①所以，在这样一个符号化的时代，任何东西都需要有鲜明的符号设计，这种设计既可以是对传统符号的借用，也可以是民俗符号的再开发。

"双十一"，从节日的形式表达上可以看出，11. 11 有着传统节日的优势，很容易在民众心中形成认同感，因为它契合了时间结构中的重数形式，比如二月二、三月三、六月六、七月七等。这种节日在形式上就比较符合中国人的心理认知结构，因为是叠数，所以特别容易被人记住。从符号学的角度看，11. 11 这样的节日视觉符号，有一定的视觉符号新意，能够在人的心理层面形成视觉艺术冲击，②也能够更好地、直接地寄托人们的情感。此外，这种有数字优势的表达，能够更好地被表述，尤其是能更好地讲故事，上文所提及的"双十一"的两个版本即是。

其次，节日民俗经济。节日中的很多民俗事项都需要通过经济行为才能完好地呈现，比如春节，要贴对联，元宵节要吃汤圆，端午节要吃粽子，中秋节要吃月饼等。节日消费是民众的一种自发消费，是因习俗情感产生的认同性消费，这种节日经济可以称为认同性经济、民俗经济③。节日经济是国民经济中的重要组成部分，

---

① ［美］马歇尔·萨林斯：《甜蜜的悲哀——西方宇宙观的本土人类学探讨》，王铭铭、胡宗泽译，北京：生活·读书·新知三联书店，2000 年，第 31 页。
② 关于视觉产生的心理，可进阶阅读帕特里克·弗兰克的《视觉艺术原理》（第八版）、郭茂来的《视觉艺术概论》等。
③ 田兆元教授曾对民俗经济的形式进行过概括，他认为民俗经济有三种表现形式，第一种是民俗的制成品及其消费，第二种是传统的民俗平台及其消费，第三种是利用民俗资源建立起来的品牌带来的消费。详参田兆元、吴玉萍：《民俗是提升日常生活境界的文化精华》，载《四川戏剧》2017 年第 8 期。

也是不可或缺的部分。反观"双十一"这样的企业节日，就是利用民俗资源构建的新品牌。在节日里，人们的消费起初也许是由于打折，但后来人们会不由自主地等待"双十一"的到来，会约着一起"剁手"，约着一起狂欢，约着一起看晚会等等。这些都是因为这个节日带来的经济。

"在粉丝经济时代，无粉丝就无品牌，哪一款产品可以让粉丝体验到参与感、尊重感和成就感，粉丝就会不遗余力地去支持这款产品。企业要利用互动的方式培养产品或品牌的忠实粉丝，并尊重粉丝们的成就感需求，对产品的卖点进行包装，将产品的性格刻画得十分鲜明，这样才能引爆粉丝力量，为产品或品牌带来更大的影响力，从而使企业收获更大的利益。"[①]阿里巴巴先是利用"光棍节"，继而吞噬"光棍节"，使之成为自己的节日，并利用媒介仪式建构起网购的狂欢节。"双十一"营造出的就是这样一种因粉丝而兴起的品牌。[②]这个品牌产生的消费是一种认同性消费，这对于从普通的企业节日走向民俗，至关重要。

第三，节日仪式情感。在阿里巴巴的这场全民狂欢节中，民众的参与也有仪式性的情感。"强文化公司在企业生活中创立了行为的礼仪和仪式，也就是鲍尔所说的'我们这里的做事风格'，它们生动而广泛地影响着周围的人们。企业文化中的老英雄们十分注重工作生活中各种仪式之间的协调配合，从录用与解聘，到提供报酬、会议形式、书写规范、谈话方式，甚至主持一个退休晚餐的风格。他们知道仪式的重要性，这些仪式让文化以一种富有凝聚力的方式显现出来。今天的绝大多数管理者十分看重并着手管理的是诸如预算和战略规划这样的正式程序，但他们遗漏或忽视了他

---

① 黄钰茗著：《粉丝经济学》，北京：电子工业出版社，2015年，第33页。
② 从某种意义上说，"双十一"既是一种节日，也是阿里巴巴经营的品牌。

们周围的其他内容：文化生活。"①阿里巴巴就属于强文化公司，他们注意到了这点。他们利用去单身化仪式影响着民众的心理，打出"就算没有男（女）朋友陪伴，至少我们还可以疯狂购物"的广告语，这样的口号既突出了单身的符号，又加以心理情感因素，同时又不露痕迹地链接上购物。于是，"光棍节"的购物狂欢就傍着节日，昭然而现。

"在每种仪式背后，都有一个体现了文化核心信念的寓意。如果没有这种联系，那么仪式不过是一种惯例，除了给人们以某种安全感和确定性，起不到其他作用。仪式提供了地点和脚本，使员工能够体验其中的意义。它们使混乱回归秩序。"②2014年"双十一"当天，各大网站的直播专区正式开通，对于消费者来说，"双十一"不再是简单意义上的让利促销，它是一场由阿里巴巴联合大众媒介共同打造的以购物狂欢为基础的盛宴，也是全民主体意识被激活、获得身份认同的仪式盛宴。消费者在这场仪式中体验到了归属感、成就感，尤其是当阿里的领军人物马云站在有"双十一"当天销售额的大屏幕前，对着全球消费者说这种销售神话是消费者的力量时，民众由普通的消费者变成了这种仪式的主体，成了节日的缔造者。到了2017年，马云在接受一档访谈时称"双十一"其实并不赚钱，为的就是让民众获得快乐。这样的语言与行为，在情感的拢聚上，就是成功的。"双十一"，从偶得到成熟，民众因为创造节日、参与节日、维护节日而快乐。

"双十一"，从本来的民众节日"光棍节"，变成阿里巴巴的企业

---

① ［美］特伦斯·迪尔、［美］艾伦·肯尼迪：《企业文化：企业生活中的礼仪和仪式》，李原译，北京：中国人民大学出版社，2014年，第65页。
② ［美］特伦斯·迪尔、［美］艾伦·肯尼迪：《企业文化：企业生活中的礼仪和仪式》，李原译，北京：中国人民大学出版社，2014年，第68页。

节日，印证了斯坦利·霍尔所说的话，即亚文化是青年人自我表现的场所，同时也促涨了商业文化的繁荣。"光棍节"从发展伊始，就是青年亚文化的一种存在形式，也正由于它缺乏完整的仪式活动，没有特定的文化含义，所以被阿里巴巴再建为自己的节日。在成为阿里巴巴的品牌节日后，参与者的范围从青年人扩大到所有民众，他们的情感被激发而出，迅速参与到这样的节日中去。

　　阿里巴巴在打造自己的这一节日时，也没有含糊，从商业运作到情感仪式，形成了一整套文化攻势。尤其是 2017 年"双十一"之前，时任公司总裁马云更是打了一手文化牌，从电影《功守道》到歌曲《风清扬》，这两者几乎成了"双十一"的预热，也是借"双十一"向传统文化致敬。到了"双十一"当晚，天猫晚会强势霸屏，这不仅是消费者的狂欢，也是阿里文化的宣传策略。此外，阿里巴巴还善于打亲情牌。2017 年天猫"双十一"的晚会上，阿里巴巴集团还特别推出了一个关爱空巢老人的节目，节目的主题就是"快乐相伴，关爱空巢"，这在全国 10 个城市举办了 50 余场活动。基于"团圆打拐公益项目"的"团聚项目"也在"双十一"期间正式亮相，该项目借助智能定位设备，避免失智老人走失。[①] 这样的公益活动无疑是奏效的，让消费者成为"暖心剁手党"，从情感上让消费者感觉到"剁手"是在帮人。

　　阿里巴巴的企业文化增强了消费者对于企业的文化认同，使得"爱"的主题得到升华。除了关爱老人，还有针对儿童的公益项

---

① 消息来自新华网。原文标题：《阿里公益首次亮相天猫"双 11"晚会》，http：//www.xinhuanet.com/tech/2017 - 11/10/c_1121937251.htm，发表时间 2017.11.10,16：58：36,本人登录时间为 2017.11.23,13：23。

图 2-3　《功守道》宣传片①

目,"清空购物车"的超链接让公益项目有了更好的噱头。诚如阿里巴巴集团合伙人、阿里巴巴社会公益部总经理孙利军表示,社会责任已经成为当今企业的核心竞争力。阿里巴巴也确实做到了这一点。在中国社科院经济学部企业社会责任研究中心发起的第二届"中国社会责任百人论坛暨首届北京责任展"及发布的《企业社会责任蓝皮书(2017)》中,对电力、家电、房地产等 16 个重点行业、百余家企业的社会责任发展指数进行了深度剖析,阿里巴巴集团

---

① 图片来自比特网。原文标题:《〈功守道〉首播不到三小时播放量破 600 万!》,http://news. chinabyte. com/hot/244/14346744. shtml? _t＝t,发表时间 2017. 11. 12,13:10:00,本人登录时间为 2017. 11. 13,17:23。

荣膺"民营企业 100 强社会责任发展指数"排行榜的第二位。① 这样的社会责任感对于民众来说极其可贵。

梳理阿里巴巴的成功经历，我们可以将其造就的 2017 天价销售神话归结为三个要素：一是享誉世界的民间故事的名称获得者；二是营造建构可以全球识别认知的节庆名称 11.11；三是支付方便的金融创新。前两个都是跟民俗相关的要素，民俗创新加文化创新，再联手科技创新，这就是阿里巴巴奇迹，也是其认同性形成的过程。

综合而论，阿里巴巴的"双十一"营造建构了可以识别认知的节日符号，创建了民俗经济平台，利用节日消费给企业带来了经济效益，充分发掘了民俗的潜能。这既体现了民俗经济的巨大能量，也使得该企业节日逐渐发展成一种都市新民俗。当然，作为利用民俗资源建立起来的品牌，"双十一"要成为真正意义上的节日，还需要有更多的民俗行为支撑，需要构建节日认同，形成认同性消费。唯有这样，企业节日这一新民俗才能在未来更好地维护传承。这里留待后文讨论。

第三节 企业节日消费行为书写：
以小米科技"米粉"节为例

小米科技的"米粉"节是公司的诞生日。小米公司是在 2010 年 4 月 6 日成立的。为了感谢"米粉"们对小米公司的支持与陪

---

① 消息来自网易新闻。原文标题：《阿里公益首次亮相天猫"双 11"晚会，帮你成为"暖心剁手党"》，http://news.163.com/17/1110/16/D2T6DG7600018AOQ.html，发表时间 2017.11.10,16:44:18,本人登录时间为 2017.11.23,12:23。

伴,回馈一路支持的粉丝,每年都会在 4 月 6 日这一天举办粉丝的盛大狂欢,进行对"米粉"的答谢活动,所以把这一天命名为"米粉"节。2011 年开始,"米粉"成了小米公司产品狂热爱好者的代名词。设立"米粉"节以后,小米科技每一年都在节日当天推出相关活动。

2012 年 4 月 6 日,小米在 798 的 D - park 举办第一届"米粉"节。小米创始人兼 CEO 雷军在送给"米粉"的贺卡上写道:"小米的哲学就是'米粉'的哲学"。在"米粉"节上,雷军还公布了几大回馈活动,如第六轮十万台公开购买;所有配件全场六折,让利 3 000 万元;与电信合作,推出电信合约机,让"米粉"享有极优惠的套餐。在这些狂热的粉丝的支持下,小米当日创造了 6 分 5 秒销售完 10 万部手机的纪录。2013 年,小米正式向外公布了"米粉"节的邀请函,于 2013 年 4 月 9 日在国家会议中心举办"米粉"节。小米公司发布小米 2 的 MIUI(中文名"米柚")V5 正式版,同时还发布了两款手机小米 2A 和小米 2S。这一系列的活动都刺激着"米粉"的肾上腺素。2014 年 4 月 6 日,"米粉"节当天,小米科技没有举行线下发布会,却成就了小米公司史上最大的一次销售活动。4 月 8 日晚间,小米官方公布了相关销售数据,在历时 12 小时的活动中,小米官网共接受订单 226 万单,售出 130 万部手机(含港台地区及新加坡 10 万台),销售额超过 15 亿元,配件销售额超 1 亿元,当天发货订单 20 万单,总共有 1 500 万人参与"米粉"节活动。[①] 2015 年 3 月 31 日,小米于当日下午举办"米粉"节发布会,声称在"米粉"节当天将推出 55 英寸小米电视 3 等一系列新品发布,同时小

---

① 数据统计来自新浪科技。原文标题:《小米欲破供货之困"米粉节"12 小时售 130 万部手机》,http://tech.sina.com.cn/i/2014 - 04 - 09/03289306350.shtml,发表时间 2014.4.9,03:28,本人登录时间为 2017.12.23,08:23。

米还会推出针对"米粉"的个性服务。应当说前面几年的"米粉"节都是锁定在企业成立的日子,节日也只有一天,是固化的、特定的日子,有着符号意义。

2016 年的"米粉"节,小米科技拉长了战线,从 3 月 31 日一直持续到 4 月 6 日,打出的口号是"米粉"节狂欢周,相关活动有首卖小米 5 尊享版、小米电视 3S 65 英寸曲面屏、小米电视 3S 48 英寸、红米 3 高配版、米家压力 IH 电饭煲、小米净水器厨下式、小米路由器 3 等,并推出游戏"动动手指,逢 6 中奖"。据小米科技发布的相关数据,狂欢周销售金额超 18.7 亿元,累计参与人数 4 683 万人,游戏参与次数 10.2 亿次。2017 年,小米科技的"米粉"节依旧采用长时段的形式出现,于 4 月 6 日正式开启,4 月 6 日至 9 日持续四天,线上电商狂欢,线下百店同庆,与"米粉"朋友们一起庆祝小米 7 周年生日。这次打出的口号是"米粉节,不只是 5 折"。根据小米科技官方数据显示,2017 年的"米粉"节,线上参与人数超 5 740 万人,总销售额

图 2 - 4　2018 年小米科技"米粉"节营销图[①]

---

① 图片来自新浪科技。原文标题:《2018"米粉节"盛大开启,百款科技好物特惠不只是 5 折》,http://www.chinanews.com/business/2018/04 - 03/8482708.shtml,发表时间 2018.4.3,16:06,本人登录时间为 2018.4.4,08:23。

突破 13.6 亿元。与此同时，线下小米之家 68 家门店同庆，销售总金额突破 7 500 万元，累计客流量超 50 万人次。其中刚刚在北京世贸天阶开业的小米之家客流量超过了 24 000 人，创下了小米之家单店客流新纪录。① 到了 2018 年，小米科技迎来了自己的第 8 个生日。这届"米粉"节的主题是"一起狂欢 8"，这次"米粉"节从 4 月 3 日持续到了 10 日，整整 8 天，然而这届"米粉"节的主题依旧是让利促销，没有出现新的文化命题与艺术样式来吸引消费群体，尤其是"米粉"。

从上述小米科技"米粉"节的逐年梳理中，我们可以看出，虽然官方公布的"米粉"节的销售额呈增长势头，但是就节日本身而言，"米粉"节在逐步地褪去节日的色彩。小米科技的"米粉"节本在 4 月 6 日当天，然而从 2015 年开始，"米粉"节的时间被拉长，节日的时间标志被淡化。如果说 2012 年的"米粉"节是企业与民众沟通的最佳一次节日，那么此后的"米粉"节，越来越被打上促销日的标签。"米粉"节已经不具备节日的属性，也无法架起仪式的桥梁，仅仅以推出新品、狂打折扣为噱头吸引民众。如此一来，民众的消费一旦回归理性，"米粉"节也会随着时间的流逝而消逝。况且在今天的智能手机市场，不仅有国外品牌苹果的强势入市，也有来自国内华为、vivo 等品牌的竞争。

2012 年的"米粉"节，是小米科技企业节日最成功的一次。这次成功有几个方面的原因。第一，在时间上，这是节日成立后的第一届，加之当时的小米手机强势来袭，民众一方面出于家国情怀、支持国货的心理，一方面是对于智能手机的热爱，使得小米手机一

---

① 数据统计来自新浪科技。原文标题：《2017 年小米"米粉节"完美收官，总销售额破 13.6 亿元》，http://hdy.bjhd.gov.cn/yqdt2014/xyqyw/201704/t20170413_1362745.htm，发表时间 2017.4.13，本人登录时间为 2017.4.14，08:23。

上市就受到了追捧。这为"米粉"节打下了群众基础。

　　第二，在第一次的"米粉"节上，创始人雷军的口号使得小米手机迅速吸引了一大批青年人，他们觉得使用小米手机是一种有文化的时尚，毕竟"小米的哲学就是'米粉'的哲学"这样的口号，非常有阐释空间，既体现了小米科技是从消费群体的角度去做产品，从情感上能得到认同，也体现了小米智能手机的文化魅力。"粉丝不是一般的爱好者，他们都是某种产品或品牌十分狂热的痴迷者，同时也是非常忠诚的消费者。他们将感情注入自己钟爱的产品或品牌当中，即使产品存在一些缺陷，他们也会自动忽略。因为这种'参与式'消费让他们体验到了自己的存在感、尊重感，如果这种参与得到回应，他们还可能体验到成就感，这促使他们更加主动地为产品或品牌的完善献计献策，使更多的人去信赖他们喜欢的产品。"①在国产品牌众多、外来品牌强势介入的智能手机市场，小米手机最初能够让粉丝们感觉到存在和尊重，因为小米手机就是为发烧友而制，这样的口号直指人心，最能打动粉丝，粉丝们能够感觉到小米科技的出发点：一切都是以消费者为主体。

　　第三，在最初的企业节日上，小米科技除了用文化口号去打动"米粉"，同时还给"米粉"们创造了聊天社区，即米聊。米聊是小米科技出品的一款支持跨手机操作系统平台（2010 年 12 月 10 日发布 Android 版，12 月 23 日发布 iPhone 版，2011 年 1 月 12 日发布 Symbian 版），是跨通信运营商的手机端免费即时通信工具，通过手机网络（Wi-Fi、3G、4G、GPRS），可以跟你的米聊联系人进行实时的语音对讲、信息沟通和收发图片。应当说，米聊这种方式的推出具有前沿性，虽基于腾讯 QQ 的聊天模式，但却比 QQ 聊天更为

---

① 黄钰茗著：《粉丝经济学》，北京：电子工业出版社，2015 年，第 33 页。

便利,不夸张地说,它也是微信时代来临前的一种基于互联网的交流平台。^① 当然,米聊没能够扩大影响,经过几轮大战后微信一统江湖,形成了目前845亿美元的估值。米聊被微信取代,有多方面原因。

首先是微信的技术革新。米聊刚推出的时候,对于用户的选择有局限,小米手机用户是主要群体。微信则不存在这方面的问题。微信打破了手机用户是联通客户还是移动客户,抑或是电信客户的界限,任何群体均可注册微信账号。不仅跨运营商,微信账号的注册可以是手机号码,也可以是 QQ 账号,也可以重新选择。这种"门户之见"的消除使得微信使用群体迅速增加,老少咸宜。除了注册账户外,在技术支撑方面,米聊这一聊天软件也存在一定的缺陷,如用户群体反映的传图不畅、语音聊天卡壳等问题。相比之下,微信各项功能开发得异常便捷,如扫一扫支付满足了消费者便捷消费的需求;摇一摇周围满足了人们交友的便利;摇一摇免单更是激发了消费者使用微信支付的热情;面对面建群则增加了交流的快捷;微信公众号的开发则满足了人们阅读、快速获取相关信息的诉求等。^② 值得一提的是微信的朋友圈相较于米聊更为丰富。微信朋友圈已经不再局限在分享生活,它还可以实现经营。微商、微店的迅速崛起也是微信发展如日中天的主要因素之一。

其次是微信红包带来的民俗经济。在春节期间,微信红包俨然成了一种新年俗,已经取代了春节传统的纸质红包。红包本就是一种习俗和文化符号,能够给人带来情感上的欢愉,虽金额不

---

① 腾讯公司 2011 年 1 月推出了微信,即相当于米聊出现后近一年,腾讯的微信才出世。

② 现在的微信公众号还被各大企事业单位广泛使用,如就医可关注医院公众号进行挂号等,报名参加活动可关注企业官方微信等。有些公共空间里面也推出了关注相应公众号可以免费使用网络的举措。这些都是对微信功能的有效利用。

大,但是给抢红包、收红包的人带来的喜悦却不止一点。如点开"抢"字前的期待,这就能够满足人们对未知事物的美好期许,带来精神上的慰藉。再者,红包还能增强彼此之间的情感联络。如当下流行的同学聚会,在聚会之时通常会建立一个微信群,每到节假日或者某位同学的生日,微信群里面就会出现各种红包。这不仅活跃了群的氛围,同时也增加了同学之间的交流,增强了彼此的情感。锦上添花的是微信红包还可以写祝福语和吉祥话,虽然字数有限,但是凝练后表达出的话语更能表达祝福者的心意。

微信从功能增加到民俗经济的形成,促成了消费者对于微信的认同,使得微信能够在各类聊天平台中异军突起。这种消费的体现就是 APP 的下载,民众因为认可微信的聊天方式,所以选择使用微信。而 2014 年 2 月,米聊业务被北京瓦力网络科技有限公司收购,两个团队组建"小米互娱"。组建后的小米互娱主打游戏和影视,也兼及米聊,然而跟微信相比,整个市场的占有率难以望其项背。

从微信与米聊的市场争夺战中,我们可以再次确认民俗经济的巨大潜力。微信因为与民俗挂钩,获得了社会认同和文化支持,其消费群体的数量异常庞大,带来的经济效益也是异常可观。

"文化的历程是价值转换过程。外观看,这样的变化过程可以用形式和功能来表述;但从其本质看,它作为人类意愿的表白,则关系到价值的认可和取向的变化。"[2]因此,小米科技在文化方面的削弱,也会弱化文化与价值之间的转换,建立在认可基础上的消

① [英] R. R. 马雷特:《心理学与民俗学》,张颖凡、汪宁红译,济南:山东人民出版社,1988 年,第 84 页。

图2-5　米聊与微信界面对比图①

费是一种正面的、有前进空间的消费，相反则会反向进行。在文化制造上，小米科技从怀着最高的期待开始，但是迫于整个电子市场的竞争压力，在利润的关口，小米科技唯一能做的就是让利促销。然而这种让利促销却没有给"米粉"节带来新生，根源还是在于小米科技没有使出更科学、更技巧的"圈粉"方法。

除了第一次的发布会成功吸引"米粉"外，后续企业节日当天的相关活动，小米科技未能延续开始的辉煌。没有走心的仪式，消费群体的流失也是意料之中。小米科技的企业节日在节日文化内涵日渐衰弱的同时，其节日的真正意义也在削弱，节日设置的初衷也开始渐行渐远。"让每个人都能享受科技的乐趣"这样的愿景在科技蓬勃发展的今天似乎难以独木而支，没有文化的支撑，科技很难将人们锁住，尤其是在各种科技高速发展的当下。

在企业的符号设计上，小米科技也未能拔得头筹。小米的LOGO是一个"MI"形，是 Mobile Internet 的缩写，代表小米是一家移动互联网公司。另外，小米的 LOGO 倒过来是一个心字，少一个点，意味着小米要让他们的用户省一点心。这样的设计固然有意蕴，然而在视觉效果的呈现上，却有雷同之处。如常州市地铁的标志与小米手机就比较容易让人难以识别。"求知是人类的本

---

① 图片来自搜狐财经。原文标题：《腾讯从 QQ 到微信：马化腾击败五大对手最后傲视群雄》，http://www.sohu.com/a/116288991_406560，发表时间 2016.10.16，23:49，本人登录时间为 2017.4.14，05:23。

性。我们乐于使用我们的感觉就是一个说明；即使并无实用，人们总爱好感觉，而在诸感觉中，尤重视觉。无论我们将有所作为，或竟是无所作为，较之其他感觉，我们都特爱观看。理由是：能使我们识知事物，并显明事物之间的许多差别，此于五官之中，以得于视觉者为多。"[1]这说明了视觉符号的重要性。关于产品符号的设计，在第三章将有详尽的案例分析。

图 2-6　小米 Logo　　　　图 2-7　常州地铁
　　　　　　　　　　　　　　　　标志图

　　好的企业节日必须有鲜明的文化符号，有架起企业与民众沟通的仪式桥梁，有引发消费者认同消费的理念，只有诸多方面都关照到，企业节日才会以良好的态势发展。相反，只以消费行为去书写节日，一旦遇到强势对手，或者消费者回归理性消费，企业节日的存在意义便会骤跌。

---

① ［古希腊］亚里士多德：《形而上学》，吴寿彭译，北京：商务印书馆，2011 年，第 1 页。

第三章　新节庆的建构：企业
节日民俗实践

　　企业节日的民俗实践可以分为三个部分开展，一是民俗平台的打造。有远见的商人通常都比较善于发掘民俗的潜能，利用民俗的潜在经济效益去创建民俗经济的平台，搭建与消费者沟通的桥梁，这既是借用民俗形式来构建一种品牌，也是一种创新的民俗形式。比如说"双十一"这个新的节日，它创造了一个新的民俗庆典，具有巨大的消费空间。二是企业产品的符号设计。这种符号设计主要是指对于传统的、有认知度的符号的运用。传统中最有代表性的符号可以为我们所用，有见识的经济学家、企业家都会采用这样一些符号。因为这些符号经过长时间的流传形成了很强的认同感，这也就是认同性经济，它实际上是借助符号本身具有的一种认同感。三是民俗符号的艺术转型。从整体上讲，民俗具有艺术的特质，民俗与艺术的关系真的是十分紧密，民俗在各大商品里面的运用，越来越流行，这对于品牌的建立和商品的销售具有很大的促进作用。民俗经济在上述三驾马车的负载下，在经济生活中占有的分量会越来越重。本章将围绕这三个部分，从个案切入，详细展开论述。

第一节 节日平台的打造

第二章中我们探讨了民俗与经济的关系、经济民俗的相关概念，其实民俗经济中比较重要的还是民俗平台及其营造的民俗品牌。民俗消费平台主要是节庆和仪式，节庆无须多言，像春节、清明、端午与中秋的节庆，这里面蕴藏着巨大的消费空间。它不仅仅消费民俗产品，日常产品也因为这个民俗消费品牌一起被消费，消费显著的增加都是因为民俗生活平台。其实，我们日常生活中的婚丧嫁娶实际上就是民俗的消费平台。如蛋糕和长寿面之于生日，喜糖喜饼之于婚宴，寿衣花圈之于葬礼等，这些产生的消费都是因民俗而起，是因为民俗活动增加的消费。然而，这些往往都为我们所忽视，民俗平台带来的巨大消费，对于经济的巨大推动，远远超出我们的想象。

也许有人会说，传统节日作为销售的平台，有着时间和文化积淀的支持。那么企业节日这一平台是否能如传统节日一样，创造销售辉煌呢？答案是肯定的。首先，我们通过一组数据来看一下企业节日的先天优势。

2017 年 1 月 22 日下午，中国互联网权威机构中国互联网络信息中心（CNNIC）在京发布第 39 次《中国互联网络发展状况统计报告》。截至 2016 年 12 月，我国网民规模达 7.31 亿，普及率达到 53.2%，超过全球平均水平 3.1 个百分点，超过亚洲平均水平 7.6 个百分点。全年共计新增网民 4 299 万人，增长率为 6.2%。中国网民规模已经相当于欧洲人口总量。这些数据标志着我国全面"网络化"时代的到来。"从互联网的使用类型和电子商务的交易规模上来看,网商尤其是网上零售商的规模不断持续增长。这些网上零售商如雨后春笋般出现,大多得益于政府的政策激励和市场的自发需求。政府方面,出台了一系列的激励小型网上零售商的相关政策,降低网上零售商的创业门槛,加大对网络市场的扶植力度。市场层面,随着国内经济的发展和人们逐渐忙碌的生活步伐,网络购物的便捷性和价格优势成为都市人们的首选。而网络购物产品的丰富性和物流的全国可达性则成为偏远地区尤其是农村人们选择的因素。"①报告显示,截至 2016 年 12 月,我国手机网民规模达 6.95 亿,增长率连续三年超过 10％。台式电脑、笔记本电脑的使用率均出现下降,手机不断挤占其他个人上网设备的使用。移动互联网与线下经济联系日益紧密,2016 年,我国手机网上支付用户规模增长迅速,达到 4.69 亿,年增长率为 31.2％,网民手机网上支付的使用比例由 57.7％提升至 67.5％。手机支付向线下支付领域的快速渗透,极大丰富了支付场景,有 50.3％的网民在线下实体店购物时使用手机支付结算。

以上数据给企业节日的平台营造打下了群众基础,因为有如此大的网络消费者基数支持,企业节日的出现与发展便不会遇到阻碍,只会更加吸引消费者。不管是民俗符号运用到商品中,还是全新的借民俗符号出现的新品牌,这些都需要借助一定的销售平台来推广。因此,对于企业来说,销售平台,尤其是企业节日显得至关重要。企业节日是一个重要的时间点,合理的设置必然能够引燃消费的着火点。就好比前文所讲的"双十一"在时间上占的先机。

因此,聪明的商人通过发掘民俗潜能,创建民俗经济的平台,

---

① 张延静:《网上节日促销中顾客感知价值、顾客满意与顾客网购行为关系研究——以淘宝网"双十一"购物狂欢节为例》,青岛理工大学 2014 年硕士学位论文。

就是借用民俗形式来构建一种品牌，创新出新的民俗形式。比如说"双十一"这个企业节日，它创造了一个新的民俗庆典，具有巨大的消费空间。能够在一天时间里消费达千亿以上，这是以前不可想象的，所以它具有巨大的经济效应。[①] 阿里巴巴不仅通过这个妇孺皆知的民间故事构建世界的认同，还通过"双十一"这样的节庆构建，通过类民俗节庆活动，通过购物狂欢，形成前所未有的民俗经济品牌。近年来，又有一批企业在搞"6.18"年中购物节，这也是一个值得关注的节日现象，应当是形成中的民俗经济平台。

好的节日平台的营造，自然少不了好的产品的配合。产品既要应节，也要顺应民众的心理。要做到这两点，必须在产品的符号设计上反复斟酌。在这样一个符号化的时代，产品方面需要有鲜明的符号设计，既可以是对传统符号的借用，也可以是民俗符号的再开发。

在符号运用方面，苹果手机的设计算是成功的案例之一。前面一章我们提及了小米手机的符号设计，在视觉传达上，小米手机虽然也有自己独特的文化理念，但是却很难引起共鸣。而被咬了一口的苹果，更能彰显文化魅力。被咬了一口的苹果既有伊甸园的欲望，也有对知识的企盼。这就是仪式感营销的最佳案例。苹果的销售神话并不能用理性消费来解释，其中掺杂了太多的社会、文化因素。因为仪式，民众才能心甘情愿地参与其中。依旧以苹果手机为例，在苹果的发布日期，"果粉"彻夜排队购机也是一种仪式的参与。正如波德里亚所言："用这种理性神话来解释需求和满足，就像用传统医学来诊治精神生理歇斯底里症状一样，都是天真

---

① 田兆元、吴玉萍：《民俗是提升日常生活境界的文化精华》，载《四川戏剧》2017年第8期。

无助的。"①确实，这已经不再单纯是一种非理性消费，但这仍是一种非理性消费，这种非理性不是出于一时的狂热，而是满怀虔诚。

节日平台的打造不是一蹴而就的，需要的是准确定位。所谓准确定位就是要有独特的主题，而且也要耐心坚持。所谓独特定位，就是不能够跟别的节日重复，因为知识产权都是排他性的，文化越独特才越容易被关注和消费。现在很多节日如此红火就是因为有被现代人广泛接受的主题定位，如情人节的爱情主题、万圣节的恶搞和发泄主题等。再加上具体的活动与物质载体的生动演绎，就更加吸引人了。对于企业节日来说，也是一样。比如阿里巴巴的"双十一"就有独特的主题，以"脱光"等为噱头，从年轻人的角度来定位节日的主题，非常引人关注，也能激发民众的认同。而"米粉"节在这方面就有欠缺，在节日的认同感和仪式参与感上缺少更为合适的激发方式。

再者节日文化的品牌或者 IP 并不是三五年就能形成的，而是需要几十年的工夫，因此要有耐心去打造一个精品节日文化品牌。在传统节日的形成上，这一点特别明显。传统节日都是经历过一个长时段的文化积累，人们在节日里形成文化自觉，对节日形成认同，节日的文化品牌才逐步生成。

一个成功的企业节日，能够有值得叙事的地方，而它的叙事模式是由人物（企业＋消费者）、事件（消费）、时间（节日当天）、地点（网络＋实体店）四位一体构成。也就是说根据目标客人的特点，在适宜的时间和地点进行轻松愉快而又有仪式感的集体行为。如此一来，节日活动与物质载体内容都能很好地迎合现代人的观念

① ［法］让·波德里亚：《消费社会》，刘成富、全志钢译，南京：南京大学出版社，2008年，第58页。

与需求,节日习俗内容的充实具体和可亲近性也就得到了彰显。通过这样的理念和方式打造一个企业节日平台,既成功挖掘了节日的属性,让企业节日成为企业真正的文化战略,也帮着企业实现了盈利的诉求。

节日平台的打造,不仅对于企业本身有着重要的经济振兴意义,同样也能使与之相关的企业获利。以阿里巴巴的"双十一"为例,这一企业节日的兴起给物流快递业带来的利益非常可观,在国际上的影响也非常正面,很多国外企业加入到了"双十一"的节日狂欢中。

从附录3中我们可以看出"双十一"已经不单单是阿里巴巴的节日,全球都在狂欢,其产生的经济也是全球共享的。当然,因"双十一"这一节日而产生的问题也非常多,假货便是其中之一。关于这一问题,其实每个节日都会有,因为想借助节日发横财的商家太多,传统节日有,都市节日也有,这种企业节日也有。对于节日平台的打造,"双十一"还没有企及传统节日的"节日"效应,正如附录3中提到的"双十一"这一节日还缺少中国文化价值元素,如果能够加入中国文化价值元素,其节日的影响意义将不亚于春节。这便是节日平台所要重点关注的问题。

第二节　产品的意象运用：以吉祥符号为例

吉祥是所有民俗中给人们带来幸福感最集中的一种形式,因此也是民俗符号中最具有经济价值的部分。《说文解字》对"吉"的解释是:"善也,从士";对"祥"的解释是:"福也,从示羊声,一云善。"吉与祥合并,意思就是从善从福,这种象征着最美好的寓意人们多喜爱,因此在很多产品上,跟吉祥相关的符号便会被广泛采用。吉祥符号的运用,一方面是尊重市场法则,更重要的是文化内涵建设。当企业将自身的产品与吉祥符号相联结时,产品本身的意义就会得到进一步延伸。因为产品是视觉符号,不仅具有特别的审美意义,而且能够让审美主体与对象之间的心理距离拉近,刺激人们消费。

一、婚姻吉祥符号

儒家经典《礼记》这样来规范婚姻：婚姻是来自不同家族的两个人的联合,其目的一方面是为了供奉祖先,另一方面是繁衍后代。由此可知,婚姻不是简单的游戏之作,它承载着一定的社会使命和社会习俗。因此,婚姻的过程也是相当复杂。《礼记·昏义》记载："昏礼者,将合二姓之好,上以事宗庙,而下以继后世也,故君子重之。是以昏礼纳采,问名,纳吉,纳征,请期,皆主人筵几于庙,而拜迎于门外。入,揖让而升,听命于庙,所以敬慎重正昏礼也。"单看这六礼,就可以知道一桩婚事流程的繁多。发展到当下,虽然六礼省却了很多,但婚礼作为凝聚了人类最为美好理想的民俗行为,又产生了很多新的文化习俗和民俗符号。本节就当下常见的婚姻民俗符号作简单的叙述。

婚礼是人生的大喜事,有着丰富的吉祥符号。首先是色彩符号。远古时代人们用黑色作为迎亲的标志,但后来在各地、各民族的婚俗历史发展中发生了根本性的改变,红色取代了黑色,成为新的、喜庆的标志性色彩。红色也渐渐成为汉族和诸多少数民族表达喜庆的色彩。

热闹喜庆氛围在婚俗家饰品上占有绝对的主导地位,最典型的就是贴大红"囍"字,这当是婚姻民俗事项的第一标志性民俗符号。"囍"字由两个"喜"字组成，故谓之"喜上加喜"。"囍"最初的时候，并不是汉字，而是寓意吉祥的一种图像符号，相传为北宋王安石所创。王安石在赴京参加会试途中，曾路过一个名叫马家庄的地方。当天夜里，他和书童赶路，行走到当地大户马员外家时，在走马灯上看见了一条上联，上面写着"走马灯，灯马走，灯熄马停步"，没有看见下联，询问之下得知原来是马家的小姐想要招一个有才男子为婿，所以自己想了这条上联，下联谁对得好就嫁予谁。王安石非常欣赏这条联语和马小姐的才气，但苦于没有时间在此地耽搁，于是只好与书童继续赶路。后来王安石在会试中展露才华，为主考官赏识。主考官出了一副对联，让王安石对，上联是"飞虎旗，旗虎飞，旗卷虎藏身"，王安石顺嘴就把马小姐那条巧妙的上联对了出来。之后，他返回到马员外家，用主考官的上联应对了马家小姐的下联。于是促成了这一桩喜事。婚礼当日，又有喜讯传来：王安石金榜题名。大喜之余，王安石在红纸上挥笔写下："囍"，让仆人将所有"喜"都换成"囍"，并写下了那首脍炙人口的诗歌："巧对联成双喜歌，走马飞虎结丝罗。洞房花烛题金榜，小登科遇大登科。"此后，"囍"便广泛出现在婚礼这一喜庆场所。从这则民间故事中，我们可以看出，"囍"字就是为婚所生。

除了张贴大红"囍"字，婚房布置上也会极尽红色的喜庆功能，如铺红毡，挂红色窗帘，贴红对联，铺红色床品等，连婚房中的家具有时都会选择红色。此外，在婚礼中也大量使用红色或红色物品以示喜庆：如新娘要身穿红嫁衣、披着红盖头，新郎要戴着大红花，新婚夫妇要挽红色绸缎、结红色同心结等等，就连参加婚礼的宾客们也会戴红色头花、讨喜糖、分红鸡蛋红花生。整个婚礼就是红色的海洋，举行婚礼的宴会上会挂满红色绸缎和写有双喜字的纸轴卷，人们借此把各种暗含传统赞誉的祝福送给新人。所有这些只因为红色代表了婚俗的特定主题，即喜庆吉祥。

其次是图像符号。除了色彩符号以外，图像符号也是寓意幸福的重要标志。在婚姻民俗行为中，图像用得最多的当数鸳鸯、蝴蝶、金瓜等等。这些特定的图像分别有着特殊的意义。

（一）寓意夫妻和谐的图像符号

自人类文明开化以来，"和"的观念几千年来一直影响着中国传统价值观，这种观念也体现在了传统婚俗中。对于婚姻这一主题，婚姻双方充满了美好的追求，希望可以白头偕老，相伴一生。于是就出现了以合抱的树干代表"连理枝"、以并蒂莲代表"并蒂同心"、以同心结代表"永结同心"、以芙蓉和牡丹代表"夫荣妻贵"等，这些都是象征夫妻和谐的图像符号。其他还包括：

蝴蝶。蝴蝶是夫妻幸福的标志。事实上，它差不多被称为中国的丘比特。其起源可追溯到庄子所述的故事。有一位年轻书生，追捕一只美丽的蝴蝶，不知不觉闯入一位退隐官员的私家花园，看到了官员的女儿，对她一见钟情。书生决定努力进取，争取娶此女子为妻。他因此获得了成功，也步入了上流社会。

神仙画。婚礼中，人们喜欢贴上各种有关姻缘的神仙画，如掌管婚姻的"结璘"（即月老），负责夫妻和睦的"双仙"，最为常见的就是"和合"。"和合"代表了唐朝两位有名的诗僧寒山和拾得，相传他们有两副身躯，却共用一个灵魂，是永不分离的好朋友。"和合"这个词源于佛经中的"因缘和合"。作为象征，"和合"二人，一人拿着荷花，另外一人拿着盒子。

鸳鸯。《诗经·小雅·鸳鸯》写道："鸳鸯于飞，毕之罗之。君子万年，福禄宜之。鸳鸯在梁，戢其左翼。君子万年，宜其遐福。"[①]诗

---

① 王秀梅译注：《诗经》（全二册），北京：中华书局，2015年，第524页。

句以雌雄鸳鸯兴夫妇爱慕之情。描绘了一对鸳鸯，拍动着绚丽的翅膀，双双飞翔在辽阔的天空，两情相依的美好画面。鸳是雄鸟，鸯是雌鸟，一阳一阴，非常符合自然规律。事实上，阴阳观念早已有之。《周易》曾系统地解释过这一观念，《系辞》中解说："一阴一阳之谓道。"奇偶之数，阴阳二爻等均由一阴一阳构成，两者既对立又统一。因此，以鸳鸯生发出的阴阳相合的图像成为婚姻中常见的民俗符号。如陕北民间剪纸中的"鸟衔鱼"、"鸡衔鱼"与鸟鱼合体或鸡鱼合体的"鸡头鱼"纹样是很丰富的。这些都是用于结婚时贴在窑洞门窗上的喜花剪纸。新婚喜花剪纸，都是以鸟或鸡喻天、喻阳，以鱼喻地、喻阴，寓意男女相交、天地相合、阴阳相合，万物生发，子孙繁衍，生生不息。而甘肃庆阳用于婚俗喜花的剪纸——阴阳合体抓髻娃娃，直接表达了阴阳相合繁衍生命的含义。陕北延长县农村流行的拉手娃娃喜花剪纸，是阴阳双鱼相交抓髻娃娃的变体。

龙凤。"龙"和"凤"是最为中国民众熟知的吉祥图案，龙凤呈祥是婚姻中最为常用词之一。在传统观念中，"龙"作为男性的代表物，"凤"作为女性的代表物，人们赋予了两者超凡的能力和灵性，关于它们的神话传说和吉祥用语也非常多，如龙姿凤采、龙颜凤姿、龙眉凤目等。从"龙"的形象中我们可以看出，它由鹿角、马头、牛耳、兔眼、蛇身、鱼鳞、鹰爪组成，集合了优势动物的优势能力。而被视为"百鸟之王"的"凤"则融合了各类鸟的特征，象征着祥瑞。于是，在婚礼这一重大礼仪场景中，"龙凤呈祥"这一图案常被援用，它寓意着夫妻和睦，家庭和谐美满。

（二）寓意子嗣传承的图像符号

正如前文所说，婚姻承载着传宗接代的使命，因此，在中国传统伦理道德观中，儿孙满堂是家庭美满的最重要标准。虽然随着时代的发展，有的年轻人选择丁克，有的选择领养，这一观念已经不再至关重要，但是在婚俗中却仍然保留了体现这一观念的吉祥图案。诸如以石榴代表"榴开百子"，以葡萄和蝙蝠代表"多子多福"，以麒麟代表"麒麟送子"，以常春藤代表"子孙绵延"，以枣子、花生、桂圆等代表"早生贵子"，以莲藕、桂圆等代表"连生贵子"等。

《诗经·大雅·绵》中有："绵绵瓜瓞，民之初生，自土沮漆。"[①]大意是指连绵不绝瓜连瓜，周民诞生逐渐发达，从土迁到漆水下，象征着人口兴旺、繁荣昌盛。因此，象征瓜瓞绵绵的符号受到了广泛的喜爱，尤以民间剪纸好以葫芦、金瓜、南瓜作为喜花，并将其贴在洞房里或窑洞门窗上，祈愿绵绵瓜瓞、子孙长续。如山西汾阳喜花剪纸，以双嘴通天葫芦暗喻阴阳合体，里面是顶天立地的造物主盘古和伏羲、女娲的合体抓髻娃娃，颈饰向下的男阳符号，腹饰莲花女阴符号，是阴阳相合的生命繁衍之神。在山西交城婚俗中，人们常在窑洞窗花中心贴八个葫芦朝向中心的大团花喜花，象征绵绵瓜瓞、子孙长续。

其实，民间这种极为流行的金瓜、南瓜喜花剪纸和刺绣都是葫

图 3-1　瓜瓞绵绵组合图

芦的变体，象征生命繁衍的女性母体。它实际上是以剖开的金瓜、南瓜象征女阴生子的形象符号，中心为女阴，周边饰有圆点比喻子孙繁衍。在婚俗刺绣中，新媳妇通常喜欢将它绣在贴腹绣花裹兜的中心，用以象征母体。此外，婚俗喜花剪纸和刺绣中也常出现金瓜与蝴蝶的

---

① 王秀梅译注：《诗经》（全二册），北京：中华书局，2015 年，第 587 页。

组合,金瓜、南瓜与象征子孙繁衍的"子神老鼠"组合。这些图像组合在一起,形成了"蝴蝶扑金瓜"、"老鼠吃南瓜"、"老鼠拖葫芦"等象征子孙繁衍的剪纸、刺绣。

　　除了传统的手工艺品喜好使用寓意夫妻和谐和瓜瓞绵绵的图像符号外,很多现代制品也选择用这类符号做标志。如2015年的吉祥文化金银纪念币上就采用了"并蒂同心"和"瓜瓞绵绵"的婚姻民俗符号,受到了消费者的喜爱,取得了非常好的销售业绩。

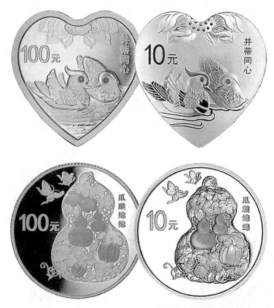

图3-2　并蒂同心以及瓜瓞绵绵金银纪念币①

　　中国传统婚俗中的吉祥图像既是传统文化,能给婚姻带来祝福,同时也产生了经济效益。婚姻民俗符号在婚庆产业链中的经

---

① 图片来自中国集币在线。原文标题:《吉祥文化光耀中华——谈吉祥文化系列金银纪念币》,http://www.jibi.net/News/jpsx/84932387.html,发表时间2016.5.4,08:49:32,本人登录时间为2018.3.4,16:43。

济价值不可小觑，这是典型的民俗经济行为。充分利用这些婚姻民俗符号，不仅能够增强人们对于传统的了解和认知，还有利于市场经济的发展。所以，回归传统文化，可谓精神财富和物质财富双收。

二、生肖吉祥符号

鸡年，吉年，因着谐音，2017 丁酉鸡年似乎格外吉祥。作为家禽的重要代表，鸡被誉为"五德之禽"，所谓"五德"即文、武、勇、仁、信。这"五德"当源自鸡的形象，《韩诗外传》中记载"头戴冠者，文也；足搏距者，武也；敌在前敢斗者，勇也；见食相呼者，仁也；守夜不失时者，信也。"也正因为有着这样的形象，鸡（酉）能够成为十二生肖中唯一的禽类。不仅如此，鸡在中国的形象艺术史中同样占据着重要地位。如宋代花鸟画中，公鸡的威武、母鸡的慈爱、小鸡的萌憨皆能找到表现实例。而象征田园生活乐趣的常见绘画构图往往也是鲜花盛开、假山林立的园子里有几只公鸡在闲庭信步，想必这也是"鸡犬之声相闻"愿景图的根源。

图 3 - 3 ［北宋］王凝《子母鸡图》
（台北"故宫博物院"藏）

鸡作为人们最熟悉的禽类，食用是最常见的。其实鸡也用来祭祀，虽不似"太牢"（牛、羊、豕）或"少牢"（羊、豕）那般在祭祀社稷中常见，但是在很多少数民族中，它却有着不可代替的作用。比如在傣族,有"天鬼"一说,当地叫"披法",每年一次祭拜"披法",按户进行,祭祀的时候要杀一只鸡,不同的家庭,所选鸡的颜色也有区别,有的用黑鸡,有的用白鸡。除了祭祀,在盟誓场合,鸡也有着独特的作用。我们所熟知的"歃血为盟",一般就是取鸡血饮用,以示结盟。2016年放映的《彝海结盟》中,彝族头人果基小叶丹与红军北上先遣队司令刘伯承在彝海边歃血为盟、结为兄弟时就饮用了鸡血。

图3-4　《彝海结盟》歃血为盟图①

　　此外,在云南省墨江县那哈区那哈大寨及附近村寨的哈尼族民间,还有用鸡占卜或用鸡骨占卜的习俗。凡是村寨中有悬而未

①　图片来自北纬网。原文标题:《从军事战略"长征"到经济建设"长征"》,http://
　　www.beiww.com/zt/2009/0615/article_6919_6.html,发表时间2009.6.15,16:44,
　　本人登录时间为2018.4.4,06:23。

决之事,巫师便会用鸡来占卜决疑。占卜之鸡,颜色和雌雄一般无严格规定,但非正常死亡之鸡不能用。这时候的鸡行使了判案之职,具备了神性。

鸡也能娱乐人的生活,最常见的就是斗鸡。斗鸡的历史非常久远,汉代石刻和画像砖上可见形象逼真的斗鸡图。《战国策·齐策》是记载斗鸡最早的文献,书中将斗鸡的场面描绘得十分壮观:"临淄甚富而实,其民无不吹竽鼓瑟,弹琴击筑,斗鸡走狗,六博蹋鞠者。"到了唐代,斗鸡越发盛行,曾一度传至东南亚国家。河南清明上河园中至今还有斗鸡一项娱乐活动的展示。

图3-5　斗鸡图(汉画像砖拓片)①

虽然鸡的功能在很多场合一样,然毕竟"男女有别",鸡也是如此。这里就雄(公)鸡和雌(母)鸡的一些功能、传说、习俗和民间信仰展开讲述。

首先是公鸡。在民间,不同颜色的公鸡也有讲究,它们的功能也不尽相同。如在农村,人们喜欢将红公鸡图画贴在墙上,认为这样可以保护房屋免遭火灾;在出殡队列的棺材上,人们会用一只白色公鸡来恫吓沿途的魔鬼。关于这个,卢公明(Justus Doolittle,1824—1880,19世纪美国传教士)在《中国人的社会生活》(*Social*

---

① 图片来自中国在线。原文标题:《拯救沉睡2000年的历史画卷》,http://www.chinadaily.com.cn/dfpd/2010-04/20/content_9753729_3.htm,发表时间2010.4.20,15:25:02,本人登录时间为2018.4.8,06:23。

Life of Chinese）中说道："中国人认为当公鸡和尸体相遇时，死者三个灵魂中的一个会附着于它，这样灵魂就被引回家庭住所。在这种情形中，所用的公鸡是纯白的，而另一些人的解释是，白公鸡是一种'神圣的'或脱俗的家禽。"事实上，这里恫吓鬼怪的公鸡早期的原型是重明鸟。

相传在尧帝之时，远方友国进贡了一种能辟邪的鸟，友国当地人都叫它重明鸟。大家听闻此鸟能够辟邪，非常欢喜，争相拥有。然而本不是土生土长的物种，所以无法在数量上增加，但又不想失去这种能辟邪的神物，于是人们就照着重明鸟的样子刻了木质重明鸟，或者用铜铸了重明鸟的样子放在门户，抑或在门窗上画上一只重明鸟，形式繁多，目的都是用来吓退妖魔鬼怪，使之不敢再来。因重明鸟模样类似鸡，后来人们就简化，逐步改为画鸡或剪出鸡形状的窗花贴在门窗上。《荆楚岁时记》有"贴画鸡，或斫镂五采及土鸡于户上，悬苇索于其上，插桃符其旁，百鬼畏之"，[①]即为证。

不光是白事，红事中白色公鸡也会出现，如新人在婚礼上会食用白公鸡，因为白色象征纯洁无瑕。江苏北部的一些地方至今依然流行"抱鸡"的习俗，即男方在迎接新娘时会找近亲中的一个小男孩抱着一只公鸡随行，一来鸡与吉谐音，寓意婚姻吉祥；二来也是因为鸡与阳性相关，祈盼来年能生个男娃。同样是为了有情人，与江苏北部风俗不同的是，在浙江一带流传着七夕之日宰杀公鸡的习俗。因为七夕牛郎织女相会，一旦天明公鸡啼叫，那就意味着牛郎织女再次分开，所以有情人们会在这一天宰杀公鸡，以期能够长相厮守。

---

① ［梁］宗懔撰：《荆楚岁时记》，姜彦雅辑注，长沙：岳麓书社，1986 年，第 6 页。

图 3 - 6　湖上婚礼①

　　公鸡之所以能震慑鬼怪，或者能够出现在婚庆喜事中，多半源于公鸡与阳性相关。《春秋说题辞》曰："鸡为积阳，南方之象，火阳精物炎上，故阳出鸡鸣，以类感也。"后来选择用雄鸡报晓，一则指示太阳升起，二则寓意阳性（太阳是极阳象征）的再生。古籍中，鸡与东方、与阳性相关的例子还有很多。如董勋在《问礼俗》中说："正月一日为鸡，二日为狗，三日为猪，四日为羊，五日为牛，六日为马，七日为人。"古佚书《谈薮》注中也说："一说，天地初开，以一日作鸡，七日作人。"天地混沌之初，以造鸡开始，造人结束，从中足见鸡的重要性，同时这个过程也是生命之初的象征，生命的循环就是

---

① 图片来自互动百科微山县百科条。原文标题：《湖上婚礼》，http://weishan. baike. com/article - 81797. html，发表时间 2011. 10. 14，12：00：41，本人登录时间为 2018. 3. 16，11：25。

自东向西的一个过程。此外,鸡与东方相关,《墨子·迎敌祠》中也给予了相关佐证,当敌人从东南西北四个方向攻来之时,分别用鸡犬羊猪四种动物应敌。其中"敌以东方来,迎之东坛,坛高八尺,堂密八。年八十者八人,主祭青旗。青神长八尺者八。弩八,八发而止。将服必青,其牲以鸡。"

值得一提的是,古代大赦天下时,经常树"金鸡",号称金鸡赦礼。因为依阴阳五行学说,地支酉也指正西,五行属金。而且根据《五行大义》中所言"酉为鸡雉乌者,酉为金,威武之用",《易经》中说:"巽,君子以申命行事"、"巽为鸡,亦为号令",因此,树金鸡代表着君王的号令。鸡又代表阳性,寓

图3-7　［明］陈嘉言《鸡鸣图》
（故宫博物院藏）

意生命的重新开始,所以"金鸡"就具备了特别的含义。这也是后来"金鸡报晓"的来源之一。诗人们经常将此典故用于诗中,如李白《秦女休行》诗云:"金鸡忽放赦,大辟得宽赊。"陆游《迎赦呈王志夫李德孺师伯浑》也道:"青城回仗国人喜,金鸡衔赦天恩覃。"

其次是母鸡。母鸡因为能够孵蛋,使生命再生,因此一些少数民族,尤其是在只知其母不知其父的母系社会中,人们对母鸡格外厚爱,甚至将其视为图腾。如傣族《五个神蛋》的神话中即有跟母鸡相关的内容。相传在一棵古树洞里有五个宝石般的神蛋,被狂风吹起,其中第一个神蛋被吹到了野鸡王国,受野鸡孵化出一个人,名字叫"嘎古先达",这也是第一个佛祖。

再如哈尼族。哈尼族至今流传着"认舅舅"的习俗。孩子生下

来后,不管长到几个月,都要履行一次"认舅舅"的礼俗,哈尼语称"阿威沙"。到了舅舅家,孩子被外公、外婆、舅舅、舅妈一一抱过。按照传统规矩,舅舅会特意送给外甥一只乌骨小麻母鸡和一个小巧别致的扑水罐。这不仅是因为母鸡能够孕育生命,象征着家族有新的传人,也是因为受哈尼族"母权制"残余思想的影响,认为孩子虽然在父亲家中长大,但是真正给予生命的是母亲,没有母亲就没有孩子。

虽然,母鸡象征着生命,然而在民间,母鸡的某些行为却被视为不祥之兆,尤其是代替公鸡打鸣。《尚书·牧誓》中记载有"牝鸡司晨,惟家之索"的典故。大意是武王带兵讨伐纣王,在距离朝歌七十里的牧野誓师,声称母鸡没有打鸣报晓的先例,一旦代替公鸡打鸣,那就意味着女性篡权。现在商王纣一味听信妲己媚言,这是国家灭亡的前兆。母鸡打鸣仅仅是一种生物的变异,跟是否会引起王朝更迭没有必然的关系,武王这里的说辞只是为了给自己的攻伐找一个理由,巩固战士们必胜的信念。

正因为鸡有着上述的种种特性,后世便取其中一意构建成语,如用"陶犬瓦鸡"形容徒具形式而无实用的东西,用"鸡骨支床"暗指人的极度消瘦,用"牛鼎烹鸡"来比喻大材小用等;其他的,还有"半夜鸡叫"、"鹤立鸡群"、"闻鸡起舞"等。

不光是中国,西方国家关于鸡的风俗也很多。素有"公鸡之国"之称的法兰西即为一例。很多法国传统家庭,尤其在乡村,食用鸡有着特定的讲究,他们会选择在周末一家人都齐全的时候享用,将其视为节日来过。个中缘由可追溯至亨利四世。相传亨利四世是法国南部一个贫穷小邦国的君主,靠着自己的努力登上王位,然而彼时的王国百废待举,百姓终年劳作,却连最便宜的鸡肉也吃不起。于是,他给自己定下目标,要让农民们每个周末每家锅里都有一只鸡。后来，经济好转，鸡肉不再是奢侈品，然因着这样的故事，法国人开始把吃鸡的周末当作过节一样，而"要让农民们每个周末每家锅里都有一只鸡"的亨利式名言也进了课本。

正是有了上述丰富的民俗文化内涵，作为吉祥符号的鸡也被用在了很多产品的设计当中。结婚抱鸡娃娃公仔就是充分运用了鸡的吉祥要义，在婚礼中被广泛传用。

除了鸡之外，狗也是经常用的吉祥符号。2018 年 1 月 31 日晚，152 年来首次的"超级蓝血月全食"的天文奇观在各大社交平台刷屏，吸引了无数人的眼球。月全食，也就是民间所说的"天狗食月"，这似乎同"狗年"呼应了一把。当然，关于月食，人们已经形成了理论性阐释，无须像从前那样敲响庙宇的锣钟，以及鸣放鞭炮来阻止这一所谓不吉利的神秘现象。

不仅天文学有呼应，时尚界也没消停。与往年一样，在农历狗年来临之际，奢侈品的设计师们又一次将眼光聚焦到了中国的生肖生灵身上，以"狗年限量"为噱头的奢侈品层出不穷，施华洛世奇即推出了水晶狗摆饰，且打着人类忠诚的朋友旗号，用这样蕴涵美好意义的商品吸引中国消费者，确实是百试不爽的一招。因为在中国人的心中，农历新年极为重要，尤其还伴着祈求好运、吉祥的心理。

图 3 - 8　施华洛世奇摆饰，名为"狗，忠诚的朋友"①

① 图片来自 21 世纪商业评论。原文标题：《鸡年还惊魂未定，大牌们的狗年限定又来了，看完心疼汪星人一秒》，http://www.21cbr.com/article/77613.html，发表时间 2018.1.18，本人登录时间为 2018.5.4，12:25。

**图3-9　彩绘胡人骑马负犬
狩猎陶俑图**

（陕西历史博物馆藏）

狗，又名犬，在十二地支中排十一，属六畜，有学者甚至认为，六畜中猪、马、羊、牛、鸡的出现均晚于狗。据考古资料显示，河北徐水县南庄头遗址出土狗的下颌骨，经碳十四测定得知此颌骨距今一万年左右。不仅如此，河南舞阳贾湖遗址出土了完整的狗骨架。由此可见，在新石器时代早期，我们的先民和狗之间已经建立了亲密的关系。狗从最初的驯化到后来大量喂养及用来看家护院、狩猎、随葬、宠物娱乐等，给人们的生活带来很大影响。当然，对狗的争议也比较多，其文化符号象征意义是多样的，一来它是人类忠实的朋友，有着忠诚、善良的一面，最出名的便是警犬；二来它有时又与奸诈、背叛等相连，从鹰犬、走狗这些词语可见一斑。

在民间信仰层面，狗的出镜率非常高，如淮阳地区的泥泥狗可以祈福、消灾，当地还有"老斋公，老会首，给个泥泥狗，你能活到九十九"的谚语。关中的"细狗撵兔"民俗活动至今有"人欢狗叫"的盛态，该狩猎民俗曾让上到皇族贵臣，下至黎民百姓都沉迷其中。贵州地区的"抬狗求雨"延续了狗图腾崇拜，这种狂欢的仪式强化了民族认同感，增强了民众间的情感联系。少数民族中也有神犬崇拜，尤其是贵州榕江地区、湖南湘西以及云南巍山的苗族。榕江计划乡的苗族中有神犬喂养祖公的传说。相传其祖公的母亲早逝，自己年幼，没有奶吃。有一只母狗见状给祖公喂奶，抚养长大，而后才有了苗族后代。云南巍山苗族每年过春节都有敬狗的习俗。年三十晚上,他们把煮熟后的各种猪肉等肉食和大米饭在祭过祖先后,各取出若干放在盆里喂狗。如果狗先吃大米,则预示来年米贵,如果先吃猪肉,则预示来年猪贵,也就是说狗先吃什么,来年什么就贵,将狗视为吉祥的象征。除了苗族,布依族也有狗崇拜,其神话母体与苗族相似。

　　犬还能充当镇墓的神兽。殷周时代,王墓中陪葬的有护卫君王的武士,而在棺木的周围及四壁附近则有作为牺牲的犬,据说这是一种"人"与"犬"的组合,也就是"伏"。人与犬一起埋入土中,可以除去潜藏的恶

图 3 - 10　西夏王陵墓出土石狗①

灵。不光是王墓,殷周时期的贵族墓葬腰坑大都殉葬狗。战国时代,有的王墓中会埋葬有佩戴金银饰物的犬,一般都是墓主人的爱犬。除了埋犬,犬像也经常出现在墓旁。湖南、湖北的楚墓中出土了许多镇墓兽,它们有的是木雕,有的是陶俑。这些木雕或陶俑并不只表现出单一动物特征,而属四不像,也有学者从雕像口伸的长舌认为这种怪兽与狗有关。

　　在祭祀方面,犬也是一种较为贵重的供品。文字学家白川静解释"燹"字时,指出该字表示向上帝贡献谷物,火烧作为牺牲的犬,使其香味升至天空,达到祭祀的目的。在建筑竣工或者器具做成之时,要用犬来祛除不干净的东西;有拱形门洞的城门建成之

①　图片取自［美］马文·哈里斯:《好吃:食物与文化之谜》,叶舒宪、户晓辉译,济南:山东画报出版社,2001年,第198页。

时，也会埋犬。所以，牺牲犬是禳灾的重要祭品。

关于狗，还有很多神话传说，如狗的鼻子总是冰凉的，是因为远古时狗被洪水浸泡过；狗起初有多条尾巴，后来被神砍去了，只留下了一条；狗总是吃屎是因为它记错、听错了天神的话（也有一说是猫抢了狗的功劳，导致狗不被主人待见，只能吃屎，这也就有了狗总是撵猫的现象）等等。当然，狗并不总是这么"倒霉"。狗的到来有时预示着好运将至，所以民间很多狗都取名"旺财"。

在中国，关于黄狗有很多故事，多半都是带有神话色彩。

一则是黄狗行神职，赏善罚恶。很久以前，在一个遥远的山村里，有一户姓张的农民，他有两个儿子，都以种田为业。老大为人奸诈、自私，老二则非常正直、憨厚，乐于助人。老大成亲后总是跟老婆一起欺负老二，专门让他干脏活，还不给饱饭吃，老二也没有怨言。老二有一个最亲密的朋友"大黄狗"，老二喜欢叫它"大黄"，每次干完活就跟大黄一起玩。后来，老大两口子合计着将老二毒死。一天，老二干活回来，刚到家门口，大黄突然对他说："咱家今天包饺子，白面里面有毒，荞面没有。"老二答应了一声便进屋了。吃饭时，不管嫂子怎么劝，老二都说不爱吃白面饺子，躲过了一劫。后来，嫂子又故技重施，在荞面中放毒，老二在大黄的提醒下又躲过了一劫。嫂子气坏了，张罗着分家。老二同意了，啥都没要，只要了大黄。从此，老二就跟大黄生活在一起。过不了多久，大黄生病死掉了。唯一的朋友没有了，老二很伤心，总在埋大黄的地方哭。有一天，哭着哭着，天阴了起来，接着就下起了雨，落在他身旁的全是黄金。老二就此发了财，成了富户。他的哥嫂听说了以后，也学着老二跑去哭，过了一会，天也阴了，下起了雨，可是眼前并没有出现金子，而是一堆堆的臭狗屎。

另一则是黄狗敬主，忠诚有加。很早以前，有个寡母带着儿子过日子,儿子名叫长生,对母亲格外孝顺,后来娶了个媳妇叫兰花。开始的时候,媳妇很孝顺,日子久了,便对婆婆恶言相向,有时还会动手。老太太怕儿子知道影响小夫妻感情,一直瞒着。转眼母亲六十大寿到了,长生外出干活前叮嘱妻子要买点肉包顿饺子给母亲吃。兰花一共包了六十个饺子,自己吃了二十个,给长生留了二十个,剩下二十个不想给老太太吃。想来想去,觉得喂狗狗看家,喂猪猪增膘,就给了狗十个,喂了猪十个。猪把饺子吃了,狗却把饺子一个个叼起来送到老太太炕上,又对着儿子住的那屋汪汪直叫。老太太明白了黄狗的意思,伤心地大哭。长生从外面干活回来,问兰花母亲有没有吃饺子,兰花撒谎说吃了。话音刚落,大黄狗跑进屋里汪汪直叫,还叼着长生的裤腿往东屋走。长生明白事情的原委之后,大发雷霆。他回屋就找兰花算账,兰花硬说没这回事,还对天发誓。可是没等发完誓,天上就来了一块黑云,紧接着一道闪电直奔院中劈来,圈里的猪尖叫一声,肚肠子被雷劈开了,十个饺子全淌了出来。长生见此明白了事情真相。一抬头,天空中飘下块白绸子,捡起来一看,上面写着“黄狗敬主人,儿媳坏良心,劝人要忠诚,莫做不孝人。”

以上两则故事里,狗充当了赏善罚恶的神职人员,具备了神性。这也是狗图腾信仰、狗崇拜在民间的留存形式。

狗除了有神圣的一面,也有世俗的一面,即宠物狗。将狗视为宠物,并不是当下人才有的行为。早在公元 170 年前后,汉灵帝曾将其爱犬视为最珍贵之物,不但吃得好,住得好,还有官职。这只小狗被汉灵帝赐予文臣的最高官阶——丞相,而其他小狗则冠以较低的官衔。不仅如此,这些福利还辐射到了“狗太太”们,这些“狗太太”被赐予命妇之衔,享尽了美味珍馐,出门甚至还有卫队紧随。无独有偶,历史上另外一位极尽宠狗能事的便是慈禧。满族人对佛教很是信奉，所以特别宠爱长得像狮子的叭儿狗。因为狮子在佛教看来是一种不死的神兽，而"满州"这一名称又跟文殊菩萨有着极大的联系。清宫里的叭儿狗通常会在脖子上围着宽大的披肩，背上插上招展的锦旗，脸涂成黑色，深得慈禧的喜爱。

当下，人们养狗可能更多的是出于一种陪伴解闷的需要。所谓人老之时，身边有老友，手边有老酒，脚边有老狗，说的就是这个意思了。虽然作为宠物，各式各样的狗都有，不过民间有一个说法，那就是一点杂毛没有的白狗养不得。这种狗虽然有灵性，但却容易闹事。相传有一位木匠，因为抓到了白狗偷吃肉，后来等到一个人行路时被白狗追赶报复，差点丢掉小命。所以白狗养不得的说法，至今都在流传。

不管是神圣的还是世俗的，狗的憨厚可爱形象使得其在各大商品中被征用。就连世界顶级奢侈品路易威登（LV）也抛来橄榄枝，各种镶有狗的形状的包包、钥匙扣等流向市场。这些品牌商之所以选用这样的动物形象，一来是在农历年推出受人们喜爱的生肖款，二来是因为这些生肖有着深厚的民俗意义和心理认同，所以在引燃消费者消费热情上具有先天优势。这就是充分利用了民俗的优势，经过企业产品的再建构，创造出的民俗经济。

第三节　民俗符号的代入：以动物形象为例

当今社会，消费观念的变化越来越快。企业必须在观念、实践、功能、风格、趋势等方面都牢牢抓住消费者。首先要让消费者在观念上认同，在实践上要跟得上潮流，在功能上要具备审美，在风格上要转向个性化。在这样的形势下，对于产品必须要有创新。

观念上认同,需要借助有一定心理积累的文化符号,因此民俗符号成为首选。此外,既要有潮流感,又要兼及审美独特性,不能原封不动地采用民俗符号,必须加以转型,使民俗符号呈现出艺术特征。本节将以动物形象为个案,剖析民俗符号经过艺术转型后,成为经济标签的过程。

一、申日人君：从民俗符号到经济标签的转型

意大利奢侈品莫斯奇诺（Moschino)2017春夏系列猴子字母印花T恤从发布时起即受到了消费者的广泛喜爱。不仅是莫斯奇诺如此,在2016年开年之时,国际上各大顶端奢侈品都刮起了中国风,走起了入乡随俗的路线,如路易威登(LV)、纪梵希、迪奥(Dior)等大牌的限量款,无一不凸显着"中为洋用"的新语境。

不仅国外,国内市场"借猴"成功逆袭的当数百事可乐。长期以来,社交媒体被可口可乐霸屏,百事可乐似乎创意鲜少。然而就在2016年开始,以"释放猴年72变,百事与你乐齐天"为口号,以六小龄童亲身经历为素材,以美猴王＋小鲜肉(李易峰)为组合,百事2016猴年广告成功吸睛,也为百事带来了一轮"吸金"狂潮。这一场"生肖营销"战,让我们领略到了"猴"文化密码的威力。实际上,在中国市场以"猴"做文章的商业品牌,于我们并不陌生,如"三粒金丝猴奶糖,就是一杯好牛奶"(金丝猴奶糖),"时尚金猴,'足'够自由"(金猴皮鞋),"PAUL FRANK IS YOUR FRIEND"(大嘴猴)等。

猴,作为中国传统文化中与人类关系最为密切的动物之一,从最初的图腾说、生肖说、起源说,一直到成为当下各种商品的受宠艺术符号,其形象发生着变迁。猴作为动物界的一员,地位比较特殊,似乎它与人类格外亲一点。有这样的印象,最重要的两点便是

生肖说和起源说。猴作为生肖成员以及作为人类祖先，广为人知，而且从文献到活态民族志，以及出土器物，都有证明。

首先是生肖说。生肖说也是人猴结缘的重要因素。虽然各民族的十二生肖不尽相同，但大部分民族的生肖中都有猴。如四川凉山地区彝族的十二生肖分别是鼠、牛、虎、兔、龙、蛇、马、羊、猴、鸡、狗、猪；海南黎族的十二兽则是鸡、狗、猪、鼠、牛、虫、兔、龙、蛇、马、羊、猴；傣族使用的十二生肖分别为鼠、牛、虎、兔、大蛇、蛇、马、羊、猴、鸡、狗、象。当然也有猴缺席的，如新疆南部地区柯尔克孜族的十二兽和桂西彝族的十二兽中就没有猴，这与当地的信仰有关。传世文献中较早提到十二生肖或十二种动物的是王充的《论衡·物势》，后来随着第二重证据地下文献的出土，十二生肖的出现时间被提前到了战国时代。具体的便是 20 世纪 70 年代发现的云梦秦简，其中的《日书》甲中即有关于生肖的记载，而且与王充的论述并无多少不同。

其次是起源说。人由猿猴"变化"而来，这一说法已经流传了很多年。从过去的传世文献到当下的电影拍摄，如《人猿泰山》等，人与猿的血亲关系不绝于耳。如传世文献《抱朴子内篇》中《对俗》即有关于这一说法的佐证。书中先是说："猕猴寿八百岁变为猨，猨寿五百岁变为玃。玃寿千岁。"[①]后经多家考证，最后一句当是"玃寿千岁则变为老人。"[②]从这里我们可以得出一个结论，那就是人类的进化很可能是沿着猕猴—猨—玃这样一个发展历程。当然，这只是人类起源众多解释中的一个，或许生物学、考古学的结果未必如此。

十二生肖中，猴与申相对，形成申猴说。首先是从文字学角度

---

① 王明：《抱朴子内篇校释》，北京：中华书局，1986 年第 2 版，第 47 页。
② 王明：《抱朴子内篇校释》，北京：中华书局，1986 年第 2 版，第 57 页。

给予说明。近人还考证出了甲金文中地支字与生肖字也有相近之处，于是便用十二种动物与相应的地支相配，形成纪年的符号系统，其中申的甲金文字形与猴也极为相似（如下图）。除了运用第二重证据，第一重证据的证明也有。如东汉许慎《说文解字》中即讲到"巳"字为蛇的象形，同样的还有"亥"与猪相似。这都说明了十二支的古字形与十二种动物有一些联系。因此，申与猴相对，似乎又增信不少。

图 3-11　甲骨文"申"　　　图 3-12　金文"申"

　　其次是从文献学角度给予说明。如《日书》中说的"申，环也"。此处"环"即"猿"。此外还有《论衡》中的"酉，鸡也。卯，兔也。水胜火，鼠何不逐马？金胜木，鸡何不啄兔？亥，豕也。未，羊也。丑，牛也。土胜水，牛羊何不杀豕？巳，蛇也。申，猴也。火胜金，蛇何不食猕猴？猕猴者，畏鼠也。啮猕猴者，犬也。"[①]为什么会形成申猴说呢？《抱朴子内篇》中《登涉》有相关解释："申日称人君者，猴也。"[②]古代历法，一月建寅，二月建卯，三月建辰，四月建巳，五月建午，六月建未，七月建申，以此类推。所谓申日，就是第七日。而古代的人日，通常都在七日，又称人节。《东方朔占书》中就有"岁后八日，一日鸡，二日犬，三日猪，四日羊，五日牛，六日马，七

---

① ［汉］王充：《论衡校注》，张宗祥校注，郑绍昌标点，上海：上海古籍出版社，2010 年，第 72 页。
② 王明：《抱朴子内篇校释》，北京：中华书局，1986 年第 2 版，第 304 页。

日人，八日谷"的记载，因此申日即为人日。而古人又坚信人由猿猴"变化"而来，所以"申"与"猴"对应理所应当。

除了文字学和文献学，第三重证据——活态的民族志也有关于申猴说的补充说明。民间有一种说法，15 点到 17 点之间，猴子喜欢啼叫。古人根据对动物出没活动时间的知识，把十二个时辰配了十二种动物，一个时辰等于现在的两个小时。猴子啼叫的时间正好是申时，所以申猴说就形成了。还有一种说法是猴子善于伸屈攀援树木，而"伸"和"申"音同，于是申便成了猴的叫法。

猴的形象在中国的先天基础比较好，起初人们将猴视为自己的祖先，认为其是驱邪佑民的祥物，这在很多民族中都有流传。到了 19 世纪，历史受到推崇，神话传说被西方理性所驱逐，猴的祖先象征被淡化，呈现出贬化的态势。如因其外在的瘦弱，猴被视为贫穷的象征；因其好动的特点，猴成了不安分等的代名词；因其食性的特点，猴被认为对于粮食丰收无益（猴子不吃粮食）。再如形容一个人藏不住事，常用"猴的身上藏不住虱子"；形容人不守信用说变就变，常用"猴儿的脸"；形容人小气吝啬常用"猴子手里掉不出干枣"等，这些都略带戏谑贬讽，至于尖嘴猴腮、沐猴而冠、轩鹤冠猴等，就更不必说了。总之，猴形象的寓意曾经过一个 U 形转换，即从褒到贬再到褒的过程。

在藏族中流传着一个关于猕猴祖先的故事。在很久以前，世界还是混沌一片，只有东方有着一块白石以及一片白海。天神看到此景后，便吹了一口仙气，跟着就出现了一只白色的鹏鸟。鹏鸟来回飞翔，经常盘旋于白石上空，累了便在白石上休息。后来，白石就怀孕了，数日后，产下一只猕猴。这就类似于《西游记》中的猴子从石头中蹦出。有了这样的传说，当地人便把猴视为人类的祖先，对它有着独特的崇拜。其实，藏族人将猴视为自己的始祖，这有着一定的地域原因。在青藏高原上，山高路险，猕猴的攀援能力成了人们羡慕的对象，因为猕猴在峭壁悬崖上生活自如，凡是遇到困难都能化险为夷，于是他们便祈求、渴望获得猕猴灵巧的能力，希望猕猴的灵魂附体。

　　除了藏族，纳西族也有尊猴的观念。"丽江纳西族称祖先为'余'，意思就是猴；称岳父、公公为'余胚'，意思就是公猴；称岳母、婆婆为'余美'，意思就是母猴。而且他们在生和死的节点上还保留了相应的习俗，即小孩出生后，家里人会在婴儿戴的帽子上缝一条猴尾，认为能够祈福辟邪；老人去世，会在棺材头部画一个白猴，意思是让猴把死者领回祖先的故地。"①这些都折射着当地人对于猴的崇拜与敬仰。

　　除了活态民族志中有这样的传说，文献中也有"尊猴"的观念，最知名的便是明代吴承恩的《西游记》。吴承恩笔下的美猴王对唐僧忠诚，而且会七十二变，能除妖降魔，法力无边，本领异常。关于美猴王的形象在唐朝时期就已存在，后经吴承恩的文学再表述才为大众所熟知。卢公明（Justus Doolittle，1824—1880）在《中国人的社会生活》（*Social Life of China*）中记载说："猴子最初受到崇拜，是因为它在大唐时代为受命去印度取经的人效劳。那位皇帝把猴子奉若神明，至少他授予这种四足兽'齐天大圣'的威严头衔。这位'猴王阁下'的生日据说是中国农历的二月二十三，这一天猴王受到社会各阶层人民的膜拜。人们相信猴子能统治一切淘气的小妖精、巫婆、精灵等，还能赐予人类健康、护佑和成功，至少能间接驱逐恶魔、妖怪。人们认为疾病、求学和生意上的不顺都是妖魔鬼怪引起的，所以病人、不幸的人敬猴以期得到它的帮助，驱逐妖

① 和志武、钱安靖、蔡家麒：《中国各民族原始宗教数据集成·纳西族卷》，北京：中国社会科学出版社，2000年，第41页。

魔或阻止各种想象的精灵或力量的邪恶影响。"①这些显然都是对猴的溢美之词。

从比较文化学角度审视，"尊猴"和"贬猴"在其他国家都能找到交叉点。如在古印度，猴不只受到佛教徒的崇拜，以婆罗门教为例，最高的神常表现为很多动物形式，其中作为罗摩（Rama）出现时就是与猴子在一起。据佛教文献《大集经》中记载，十二种动物乃是菩萨化身，菩萨为调伏众生而化身动物，这些动物出现的顺序以鼠为首，后面的排序即为现在的十二生肖序。这十二种动物依次分布在东西南北四个方向的四座山中，其中猴处于西方山，每个方向有一神居住，西方为火神所在。我们所熟知的"火候"一词或许跟这还有点关系。在日本，猴与好几位神道神灵有联系，而且猴还守卫着东京某些神庙的大门，出现在神庙的神坛上。

相反，在德国，der Affe(猴)通常用来指笨蛋、无知之徒，跟愚蠢相近。而英语世界中的 monkey about(胡闹)、make a monkey of somebody(戏弄某人使之出丑)，这些都多少有戏谑之义。尤其是中世纪和文艺复兴时期，人们从猿猴中看到的是卑下，发展到后来，它成为七大罪中的淫欲的象征物，代表罪恶。基督教作品中，衔着苹果的猴子就有人类堕落的意思。

20世纪后期，神话从祛魅到复兴，猴的文化地位得到了重新认同，猴又被定为吉祥的符号，以猴为载体的民俗产品也越来越多。至此，猴形象彻底完成了从民俗符号到艺术标签的转变。其实，在中国的文化传统中，如剪纸常喜欢猴加猴的造型，寓意辈辈封侯(猴)；马上加猴，寓意马上封侯(猴)等。因为寓意吉祥，猴被

---

① 转引自［英］C. A. S. 威廉斯：《中国艺术象征词典》，李宏、徐燕霞译，长沙：湖南科学技术出版社，2006年，第160—161页。

广泛用于商业产品和民俗制品，最为知名的当数南阳的微雕石刻手工艺品"方城石猴"、郑州非物质文化遗产"猴加官"。此外，猴子挂饰、猴子摆件，这些也都是"以猴载物"的民俗制品。

　　成为艺术标签的猴，在与文化、经济等相结合时产生的经济效益不可估量。民俗与经济的结合成就了经济民俗学，经济民俗学的提出让民俗学紧跟社会、服务社会的内力得以显现，民俗日益成为提升日常生活境界的文化资源和创造民众认同的文化精华，在实现国家地域认同、社会经济发展、文化产业繁荣、地方风俗建设等诸多方面起到了重要作用。质言之，经济民俗学的提出不仅能给民俗学的发展带来新路径，而且能使民俗文化具有的经济功能和经济价值得到进一步彰显。尤以与民俗直接关联的生产与消费、与民俗相关的文化创意项目的生产与消费等，经济效益最为显著。以"猴"建起的雁荡山上的"老猴披衣"、连云港的猴嘴公园、花果山上的"猴子水帘洞"、北京白云观中的猴像浮雕（人们觉得摸过观里的三座猴像浮雕便能得到福佑）、黄山上的"猴子观海"、河北沧州杜林古桥的雕猴（当地人说多摸此猴可以消灾去病）以及神农架上的"猴子石"等，这些都是以猴构建出的符号经济、文化经济，属景观叙事带来的经济民俗效应。

　　既能形成经济效益，又能寓意吉祥，这样的完美结合当数"金猴献瑞"。所谓"瑞"就是玉器的一种，《说文》中有"瑞，以玉为信也"，[1]也指吉祥。其实用猴献"瑞"自然是将猴视为福气的传达者，这一点从文化链上可以找到原型。此外，猴与玉的结合，可以说是最早的将猴用到艺术品中的案例。

　　玉猴之作，今所见最早的当是出自北京平谷上宅新石器时代

---

① ［汉］许慎撰，［清］段玉裁注：《说文解字注》，杭州：浙江古籍出版社，2006年，第13页。

遗址,其造型是颇为抽象的仿生形态。此后,商代开始精细化,原因很简单,商高祖王亥,又名"夒"。夒同猱,是一种长臂猿猴。殷人把猴当做自己的祖先,认为自己的部族高祖即为猴。因此,在最早的时候,猴可能就是殷人的图腾。而商代玉猴的最大特点就是圆雕的蹲坐、踞坐造型,如三门峡虢国博物馆的商代圆雕玉猴、安阳殷墟妇好墓的玉猴等,它们皆形同鸱鸮,这也从侧面反映了猴在殷人心目中的地位。发展到后来,西周、春秋战国、西汉,玉猴的形象越发丰富、生动。宋代以降,玉器上的猴子开始去抽象化,向世俗、装饰化转变,风格写实,民俗意趣显著增加。

因为有着明显的传统符号特征、丰富的文化意义以及独特的审美特质,猴形象与艺术品结合时,能格外地强化节日效应、增添节日气氛等。因此,以猴为载体的艺术品受民众喜爱、引爆民众消费自然就不在话下。

图 3-13 西汉猴纹熊纹玉环(左)和心形玉佩(右)①

① 图片来自古方主编:《中国出土玉器全集·陕西卷》,北京:科学出版社,2005 年,第144 页(猴纹熊纹玉环)、第 137 页(心形玉佩)。

二、羊大为美：从信仰图腾到知名品牌

在动物界，除了猴形象受青睐外，羊的形象也是非常受欢迎。作为中国老牌企业，恒源祥的企业标志就是一头温顺的羊。从1997年开始，恒源祥企业开始在中央电视台播放在澳大利亚草原上14 000头美利奴羊欢快奔跑的新广告，这是中国企业第一次走出国门拍广告，而广告的标语就是我们熟知的"恒源祥，羊羊羊"。除了恒源祥，热播动画片《喜羊羊与灰太狼》将羊的温驯可爱形象注入人心。作为动物界的一员，羊是普通的。但从一些以"羊"命名的词语中我们似乎又感觉到了羊的不一般，如母体给予生命的最原始物质养料称为"羊水"①；白玉中的优质品种叫"羊脂白玉"；舶来词语"替罪羊"②；南方城市广州又名"羊城"③等。由此我们可以看出，羊不仅具有世俗性，也曾经有过神圣性，是民间信仰的象征符号，也正是这种神圣性吸引了人们对于羊形象的运用。

作为一种动物，羊的世俗性，易于理解，比如说羊在动物世界里处于食与被食的食物链中；羊是一种经济和财富的衡量物，属游牧民族的大宗财富等。作为一种神物，羊的神圣性则主要体现在三点：一是作为献祭动物沟通神灵；二是作为一种图腾崇拜物；三

---

① 唐代徐坚《初学记》卷九《帝王部》引《归藏·启筮》云："蚩尤出自羊水，八肱八趾疏首，登九淖以伐空桑，黄帝杀之于青丘。"

② "替罪羊"一词虽是源自犹太教，意指替人承担罪过的羊，但羊的这种替罪功能早在三国时期就见有使用。《三国志·魏志·乌丸鲜卑东夷传》裴松之注引《魏书》记载乌丸族的社会生活时称："常推募勇健能理决斗讼相侵犯者为大人，邑落各有小帅，不世继也。……其约法，违大人言死，盗不止死。其相残杀，令部落自相报，相报不止，诣大人平之。有罪者出其牛羊以赎死命，乃止。"这里的羊即为替罪所用。

③ 中国的一个古老传说中称，有五位德高望重的术士，穿着五种不同颜色的衣服，骑着五种不同颜色的公羊在广州会面，每只羊嘴里叼着一枝六穗的谷子，他们把谷子交给当地人，并说"愿饥荒和匮乏永不再来"，话音刚落，术士们就消失无踪了。那些羊变成了石头，广州因此被称为"羊城"。[英] C. A. S. 威廉斯：《中国艺术象征词典》，李宏、徐燕霞译，长沙：湖南科学技术出版社，2006年，第208页。

是作为一种引魂者。虽同为羊，但作为献祭形象和图腾形象、引魂者形象却有着天壤之别。献祭羊是作为牲畜（角色如同作为祭祀的牛、马等）通过供奉酬谢的形式去沟通神灵、告慰祖先，以图他们能禳解灾祸、福佑生灵或感谢他们的庇佑；而羊的后两个形象则是被神化了的、高于人的圣物，在人们的精神领域内扮演主要角色。关于羊的职能，文字学研究者白川静对此已有所说明。他如是解释羊："象形，羊的正视图，羊的上半身加羊角之形。……与牛等动物相同，羊用作供献给神的牺牲，羊亦用作'羊判神'。向神供献的牺牲之羊完美无缺得以确认，谓'義'。用作牺牲之牛原本谓'犧（牺）'。"[1]白川静在这里提到的"羊判神"，也就是说羊具有法官的权能，能判案。而这种借助灵物去沟通神灵、代行神权的做法，从文字到文献，从民俗到考古，从器物到图像，都有呈现。

（一）献祭羊

关于羊的献祭特性，最常见的是《黄帝内经·素问》中的"五畜说"（牛、犬、羊、鸡、猪）和儒家经典中的"六畜说"（牛、马、羊、犬、豕、鸡）。此外还有"少牢"和"太牢"，如《大戴礼记·曾子天圆》："序五牲之先后贵贱，诸侯之祭牲牛，曰太牢，大夫之祭牲羊，曰少牢；士之祭牲特豕，曰馈食"；[2]《礼记·少仪》："其礼，大牢则以牛左肩、臂臑折九个，少牢则以羊左肩七个，牲豕则以豕左肩五个"；[3]等等。用大量的羊作为献祭在古代文献中记载很多，部分引述如下：

然则何以知天之爱天下之百姓？以其兼而明之。何以知其兼而明之？以其兼而有之。何以知其兼而有之？以其兼而食焉。何

---

① [日]白川静：《常用字解》，苏冰译，北京：九州出版社，2010年，第433页。
② 方向东：《大戴礼记汇校集解》，北京：中华书局，2008年，第588页。
③ [清]阮元：《十三经注疏》，北京：中华书局，1980年，第1516页。

以知其兼而食焉？曰：四海之内，粒食之民，莫不犓牛羊，豢犬彘，洁为粢盛酒醴，以祭祀于上帝鬼神。（《墨子·天志上》）

祭礼割羊牲，登其首。（《周礼·夏官·羊人》）

我将我享，维羊维牛，维天其右之。仪式刑文王之典，日靖四方。伊嘏文王，既右飨之。我其夙夜，畏天之威，于时保之。（《诗经·周颂·清庙之什·我将》）

汤问葛伯何故不祀，曰："无以供牺牲"，汤遗之以羊。（［东汉］皇甫谧：《帝王世纪》）

今逐年人户赛祭，杀数万来头羊，庙前积骨如山，州府亦得此一项税钱利路。（［宋代］黎靖德：《朱子语类》）

祠祭甚盛，岁刲羊五万。（［南宋］范成大：《吴船录》）

……

这种献祭牲不仅在文献中有记载，少数民族中也有流传。甘肃省东乡族的古尔邦节（又称"宰牲节"）的来历就是一个关乎宰羊献神的故事。相传易卜拉欣受安拉启示，命他宰杀儿子易司马仪献祭，以考验他对安拉的忠诚，当易卜拉欣遵命执行时，安拉又命以天降之羊代替。古阿拉伯人依此传说每年宰牲献祭，伊斯兰教继承这一习俗，规定该日为"宰牲节"，穆斯林每逢此日沐浴盛装，举行会礼，互相拜会，宰杀牛、羊、骆驼，互相馈赠以示纪念。[1] 青

---

① 金宜久：《伊斯兰教小辞典》，上海：上海辞书出版社，2001年，第316页。

海热贡地区的"六月会"依旧保存了用羊祭祀的习俗,据《青海省同仁地区民间宗教信仰考察报告》称,杀活羊祭山神的"燔羊祭"是整个热贡地区"六月会"期间最重要的活动之一。在隆务村,"六月会"常年以七只活羊为供祭,直到1984年当地法师极力劝阻杀牲血祭才停止该项活动,但人们仍选择用糌粑拌成的七只仿造羊代替。而苏乎日村的"六月会"到1994年还以四只活羊去献祭。[1]

事实上,不仅是在中国,西方也有献祭仪式,而且在祭祀品方面,世界的其他地方与中国也有着极为相似的选择。如吠陀文献中,用人、马、牛、绵羊和山羊去献祭;山羊和绵羊在宗教传统中扮演不同的文化角色,山羊在欧洲基督教传统中常常被妖魔化,甚至在斯堪的纳维亚地区,因受基督教影响,山羊也由原本作为祭祀的牺牲变成与恶魔联系在一起的邪恶动物;而绵羊则常常以祭品的形象出现;[2]西方逾越节选用羔羊祭神;[3]来自乌鲁克的日常献祭礼单中公羊和羔羊占了大多数;[4]等等。

上面举了这么多羊作为献祭动物的例子,我们不免要反过来问一下,为什么是羊作为献祭的动物?据考古学家论证,人类最早饲养的动物即为羊,其年代大约在公元前9 000年至公元前8 000年,其他家畜如牛、马、猪等均晚于羊。而且亚洲还是驯化羊最早

① 参看陈景源、庞涛、满都尔图:《青海省同仁地区民间宗教信仰考察报告》,载《西北民族研究》1999年第1期。
② Kristina Jennbert, "Sheep and Goats in Norse Paganism," in Barbro Santillo Frizell ed., *Pecus*, *Man and Animal in Antiquity*: *Proceedings of the Conference at the Swedish Institute in Rome*, *September 9 - 12*, *2002*, Rome: The Swedish Institute in Rome, 2004, pp. 160 - 166.
③ 逾越节是犹太民族最古老的节日,是为纪念历史上犹太人在摩西的领导下成功地逃离埃及,为感谢上帝的拯救而设立的节日。
④ *Ancient Near Eastern Texts Relating to the Old Testament*, ed. J. B. Pritchard, Third Edition with Supplement, Princeton, N. J.: Princeton University Press, 1969.

的地区,在北伊拉克沙尼达附近的萨威·克米、巴勒斯坦的爱南和耶利哥、约旦彼得拉附近的贝哈等遗址都曾发现过羊的遗骸;[①]中国大约在8 000年前的裴李岗文化时期就已经出现了陶塑羊的形象;[②]距今5 000多年前出现绵羊,距今约3 700年左右出现山羊;[③]2001年在山西省侯马市西高村发现的春秋晚期到战国早期祭祀遗址祭坑中,埋牲以羊为主,次为马,再次为牛。[④] 另外,据徐中舒先生主编《甲骨文字典》的收字情况看,以"六畜"为字根的各部分文字,其字数依次为:羊部45文;豕部36文;犬部33文;牛部20文;马部21文;鸡部3文。由此可见,在家畜中,羊是最早和最普及的,而且《说文》也有"羊在六畜,主给膳也"之说。所以,在最初家畜种类有限的时候,为了表现对神的诚意,人们选择了他们认为最大最好的羊去敬献给神,至此,羊被赋予了神职,即作为牺牲物沟通神灵、告慰祖先,以求禳灾解难。

神一旦享用了人们的祭祀物便会帮助人们解决困难,献祭也就达到了它最终的目的。而在选择过程中,神谕即神是否满意该牺牲,还会通过羊的一些动作加以体现。如裕固族萨满在祭天时,要先选一只肥壮的公绵羊,然后将羊牵来放在毡或毯子上,裕固族萨满亦称"祀公子",一边念经,一边给羊身上淋水,然后放开它,看它抖不抖身上的水。如果抖动,则说明天神满意,否则说明天神不满意,需另换一只羊。[⑤] 当代羌族祭山神时会"将酒灌入羊耳,羊

① 《世界上古史纲》编写组:《世界上古史纲》(上册),北京:人民出版社,1979年,第110—115页。

② 开封地区文物管理委员会、新郑县文物管理委员会、郑州大学历史系考古专业:《裴李岗遗址一九七八年发掘简报》,载《考古》1979年第3期。

③ 详参袁靖:《中国古代家养动物的动物考古学研究》,载《第四纪研究》2010年第2期。

④ 山西省考古研究所侯马工作站:《山西侯马西高东周祭祀遗址》,载《文物》2003年第8期。

⑤ 陈宗振、雷选春:《裕固族中的萨满——祀公子》,载《世界宗教研究》1985年第1期。

抖则示神领祭"。① 传达神谕的献祭动物有很多,除了羊之外还有猪、狗等。如满族萨满教举行"家祭"时,重要的"仪式是领牲。领牲就是向祖神献牲。根据萨满教的灵魂观念,祖宗的游魂能附着于动物的耳朵回来,水灌进猪耳朵,猪耳朵动了,就意味着神祖已经领了后辈族人的供品"。②

（二）神判羊

除了作为献祭动物,羊作为图腾崇拜物以及由此生发的掌握神权、行使神职是羊的另一个神圣职能。图腾（totem）一词来自北美印第安人奥日贝部落语言的音译,其原义为"兄弟"或"亲属"。在绝大多数情况下,作为图腾的物体属于动物或植物的领域,尤以动物居多。极少有非生物作为图腾。③ "图腾崇拜"一词最早出现于 18 世纪末约翰·朗格的《一个印第安译员兼商人的航海与旅行》一书:"野蛮人的宗教性的迷信之一就是:他们每个人都有自己的 totem[图腾],即自己所钟爱的精灵,他们相信这精灵守护着自己。他们设想图腾采取了这种或那种兽类的形态,因此,他们从不杀害、捕猎或食用他们以为其图腾采取了其形态的那种动物。"④其实,之所以将动物作为图腾去崇拜,部分是人们因无法征服而引起敬畏继而去崇拜,这种崇拜一般不会持续很久,一旦人们的知识储备达到能够解释现象时便不再崇拜。引起崇拜更多的情况是,所立的图腾动物供养了整个族群,维了人们的生存,与人们生活息息相关,于是人们便逐渐将世俗性的动物神圣化。还有一种是动物具有某种特殊的能力,这种特殊能力是人所没有的,同

---

① 郑传寅:《中国民俗辞典》,武汉:湖北辞书出版社,1987 年,第 328 页。
② 富育光、孟慧英:《满族萨满教研究》,北京:北京大学出版社,1991 年,第 75 页。
③ [法] E. 杜尔凯姆:《宗教生活的基本形式》,载《20 世纪西方宗教人类学文选》,史宗主编,金泽、宋立道、徐大建等译,上海:上海三联书店,1995 年,第 69 页。
④ 转引自张岩:《图腾制与原始文明》,上海:上海文艺出版社,1995 年,第 38—39 页。

时也是人们渴望得到的，比如鱼象征多子、蝉象征生命的循环等。

自上古之时，以羊为图腾的神话传说就见于《山海经》等著作，①而当下的少数民族，尤其是在羌族和藏族等游牧民族中，羊一直都是他们的崇拜物，羊在这些牧民的生活中不可或缺，羊肉、羊乳为主要食物，羊毛、羊皮可作衣物。许慎在《说文解字·羊部》中对于羌字的解释可见羌、羊关系之密切。② 在提供生命养料的基础上，牧民对羊会生出一种"视之为神"的情感，如《新唐书·吐蕃传上》记载："吐蕃本西羌属……其俗，重鬼右巫，事羱羝为大神"；湘西南的苗族、侗族在民歌中至今吟唱其属羊氏之后。

普通动物一旦成为图腾便具有了神性、掌握了神权，成为公平公正的象征，能代替神处理氏族首领或长老不能处理的事务，这时就形成了所谓的图腾判决，我们可将其称为"神的裁判"或"神判"（Ordeal）。维柯在《新科学》中提出的"三种裁判"的第一种就是"神的裁判"。维柯的解释是："在所谓'自然体制'（即氏族体制）中，因为还没有依法律去统治的民政权威，氏族父主们就向神们陈述自己所遭到的冤屈（这就是 implorare deorum fidem 这一词组的最初的本义），祈求神们为自己的案件的公道作见证（这是 deos obtestari 的最初的本义），这种控诉和辩护是世界上最初的演说，取 oratio 这一词最初的本义，后来这个词在拉丁文里仍用作控诉或辩护。"③法律条文是现代社会的产物，在初民的世界观中，"通

① 《山海经》中出现了大量的神兽形似羊。如《山海经·西山经》中的"西山华山之首，曰钱来之山，其上多松，其下多洗石。有兽焉，其状如羊而马尾，名曰羬羊，其脂可以已腊"；《山海经·南山经》中的："又东三百里，曰基山，其阳多玉，其阴多怪木。有兽焉，其状如羊，九尾四耳，其目在背，其名曰猼訑，佩之不畏"；"又东四百里，曰洵山，其阳多金，其阴多玉。有兽焉，其状如羊而无口，不可杀也，其名曰㺌"；《山海经·北山经》中的"又北三百里，曰泰戏之山，无草木，多金玉。有兽焉，其状如羊，一角一目，目在耳后，其名曰辣辣，其鸣自训"等。
② 《说文解字》中这样解释："羌，西戎牧羊人也。从人从羊，羊亦声。"
③ ［意］维柯：《新科学》，朱光潜译，北京：商务印书馆，1989年，第512页。

过占卜、赌咒、立誓和神判等方式求助于超自然来确定案件事实的
情况是非常普遍的"。① 如此说来，神判存在的空间很大。

　　"神判"的方式有很多种，有用动物图腾去裁决的，如《墨子》中
的羊，②南榜人的雄鸡；③也有用其他自然界的物质作为"法官"的，
如在岑搭族中，嫌疑者探手于熔化之金属（铁或铝）或踏在熔化的
铁上而不受伤，则示无罪；④在哈尼族，凡有案件发生，大至杀人损
命，小至偷鸡摸狗，被告一方拒不承认时，常以神判方式裁决。神
判方式很多，主要有以下两种：第一种叫"策贾拉牛牛"，意谓"像
捞煮在开水里的米粒一样的裁判"。裁判时，烧开一大锅水，丢进
半开（新中国成立前云南使用的银元）一枚，当事两造分立锅旁，主
事的贝玛按情由询问双方，双方复述无误，贝玛于是对水念诵"策
贾拉牛牛"的咒语，其意为丢失什么，什么的魂就来哭诉，如此，滚
水就具有了神力。再问两造。在这样恐怖的气氛下，有人就可能

① ［美］E. A. 霍贝尔：《初民的法律》，周勇译，北京：中国社会科学出版社，1993 年，第
　299 页。
② 关于羊作为神物担任判官、主持公正的角色，《墨子·明鬼下》中记载了如下一事：
　"昔者，齐庄君之臣有所谓王里国、中里徼者。此二子者，讼三年而狱不断。齐君由
　谦杀之，恐不辜；犹谦释之，恐失有罪。乃使之人共一羊，盟齐之神社，二子许诺。于
　是泄洫，揾羊而漉其血，读王里国之辞既已终矣，读中里徼之辞未半也，羊起而触之，
　折其脚，桃神之而槀之，殪之盟所。当是时，齐人从者莫不见，远者莫不闻，著在齐之
　《春秋》。"这段话的意思是：从前齐庄君的臣子，有称作王里国、中里徼的。这两人
　争讼三年狱官不能判决。齐君想都杀掉他们，担心杀了无罪者；想释放他们，又担心
　放过了有罪者。于是使二人共一头羊，在齐国的神社盟誓。二人答应了。在神前挖
　了一条小沟，杀羊并将血洒在里面。读王里国的誓辞，读完，没事。读中里徼的誓辞
　不到一半，羊跳起来触他，把他的脚折断了。后来桃神上来敲他，把他杀死在盟誓之
　所。那个时候，跟从的没人不看见，远处的人没人不听到，这件事记载在齐国的《春
　秋》中。
③ 南榜人会砍掉一只雄鸡的头，看它临死时挣扎往两者之哪一方。参见［美］埃德
　文·梅耶·列布：《苏门答腊的历史和人民》（Sumatra, Its History and People, by
　Edwin Meyer Loeb, Published in Vienna, 1935），林惠祥译，厦门大学南洋研究所：
　《南洋问题资料译丛》（季刊）1960 年第 3 期，第 106 页。
④ 转引自李瑾：《"神判"与"法"字结体之关系论略——"神羊决狱"本事索隐》，载《重
　庆师院学报》（哲学社会科学版）1984 年第 2 期。

吐露真情。若仍各执一端，则叫双方伸手入锅捞取半开，然后验手，被烫伤者即为罪魁。第二种叫"攀突突"，即"拃白布裁判"。方式是取白布一块，叫被告人从肘弯起，量足拇、食指（捏着白布头的）的长度，然后贝玛拿出一碗米，抓一把捏在手心里，用嘴对着手心悄声念一句"阿卡摩密然里"的咒语，之后再叫被告用手拃原来他量出的白布，若长度超出所量，则为有罪，相反，则罪在原告。如此裁决当然荒谬，但双方不得有丝毫怨言，否则将遭天谴。① 总之，神判形式多样。这里主要介绍神物判官羊。

羊具备法官的公正公义、执行其裁决职能首先可从字源学上得以证明。法，古作灋，许慎在《说文》十篇上"廌"部中解释："灋，刑也。平之如水，从水。廌所以触不直者去之。从去。法，今文省。金，古文。"从许慎的解释中我们可以看出"灋"所体现的公平是"廌"在执行，它将"不直者""触"走。这跟上文《墨子》里的"羊起而触之"的手法一致。因此，这里只要说明廌跟羊是同一种动物或者跟羊有关，那就代表羊的神判职能在字源学上找到了证据。许慎在《说文》同篇中对廌作了如是解释："廌，解廌，兽也。似山牛，一角。古者诀讼，令触不直。象形。从豸省。凡廌之属皆从廌。"段玉裁在"廌"下接着引注说："《神异经》曰：东北荒中有兽，见人斗则触不直。闻人论则咋不正。名曰獬豸。"

图 3 - 14　獬豸，北魏（386 年—534 年）
（笔者 2015 年 11 月摄于陕西省历史博物馆）

---

① 《中国各民族宗教与神话大词典》编审委员会编：《中国各民族宗教与神话大词典》，北京：学苑出版社，1993 年，第 167—168 页。

图 3－15　清昭陵中的獬豸

（笔者 2015 年 10 月摄于沈阳北陵公园）

而近人徐灏在《说文段注笺》"廌"字下笺作："或云似鹿，或云似羊，或云山牛者，盖此兽本罕见，各儗其形似耳。"《说文》中对"廌"未有定论，可以是牛，可以是羊，也可能是鹿，总之应该是有角的兽。

其实大部分情况下，廌都是被当成羊来看待。因为牛羊的共性不在话下，而鹿跟羊某些时候可以重合，如野生的"盘羊"有着长长的螺旋形角，山羊一样的头，鹿一般的身子。至于段玉裁引注的"獬豸"，《后汉书·舆服志》（"法冠，一曰柱后，高五寸，以纚为展筒，铁柱卷，执法者服之，侍御史廷尉正监平也，或谓之獬豸冠。獬豸，神羊，能别曲直。楚王尝获之，故以为冠。"）和《晋书·舆服志》（"獬豸，神羊，能触邪佞"）中都给出了解释，该物系羊。综上所述，"灋"的要义在于有一个神兽在执行神判，而这个神兽很多时候就是指羊。再者，本文要证明的是羊跟神判有关联，并非要论证獬豸一定就是羊。獬豸跟羊应是一种真包含的关系，也就是说獬豸这种神兽可能是羊，但羊并非就是獬豸。值得一提的

图 3－16　盘羊形银扣饰，战国（前 475 年—前 221 年），陕西神木市纳林高兔村出土

（笔者 2015 年 11 月摄于陕西省历史博物馆）

是，据学者考证，灋的缔造者蚩尤也与羊有着千丝万缕的关系。①
这里不展开详细论述。

不仅从字源学角度能证明羊可以维持公义、执法断案，传世文献中将"羊"作为判官、视羊为裁决者公证人的形象亦有很多记载，举例如下：

> 孟尝君不知臣不肖，以臣欺君。且臣闻齐、卫先君，刑马压羊，盟曰："齐、卫后世无相攻伐，有相攻伐者，令其命如此。"（《战国策·齐三》）

> 柳下惠曰："臣之君所以不惧者，以其先人出周，封于鲁，君之先君亦出周，封于齐。相与出周南门，刭羊而约曰：'自后子孙敢有相攻者，令其罪若此刭羊矣。'"（［西汉］刘向：《说苑·奉使》）

> 儒者说云：觟𧣾者，一角之羊也，性知有罪。皋陶治狱，其罪疑者，令羊触之，有罪则触，无罪则不触。斯盖天生一角圣兽，助狱为验，故皋陶敬羊，起坐事之。（［东汉］王充：《论衡·是应篇》）
> ……

（三）引魂羊

羊除了上述两个比较显著的功能外，还有一点也比较突出，即选择羊作为殉葬，其原因在于羊能够引导亡灵通往"福乐之国"和"死神之地"。《辽史》记载，公主下嫁有一整套的规范性仪式，"公主下嫁仪：选公主诸父一人为婚主，凡当奥者、媒者致词之仪，自

---

① 详参武树臣：《"法"字新考》，载《中外法学》1994年第1期。

纳币至礼成，大略如纳后仪。择吉日，诘旦，媒者趣尚主之家诣宫。俟皇帝、皇后御便殿，率其族入见。进酒讫，命皇族与尚主之族相偶饮。翼日，尚主之家以公主及婿率其族入见，致宴于皇帝、皇后。献照送者礼物讫，朝辞。赐公主青幰车二，螭头、盖部皆饰以银，驾驼；送终车一，车楼纯锦，银螭，后垂大毡，驾牛，载羊一，谓之祭羊，拟送终之具，至覆尸仪物咸在。"①这里所说的"祭羊"显然不是一般的羊，是"送终之具"，也就是说，这个羊是给公主送终所用，能将公主死后指引送至天国，是一种保护神。正如美国学者卡尔·奥古斯特·魏特夫（Karl August Wittfogel）所说："契丹族死者灵魂，通往灵山的最后旅程只要献上一只劣等羊的供品就变成了坦途。"②

　　不光是古时辽代契丹人有用羊送终的习俗，当今居住于云南的普米族中也流传着为死者举行送魂、引路的传统宗教仪式，即所谓的"给羊子"。"给羊子"，普米语称"让比"，汉语叫"做大帛"。举行"给羊子"仪式，远近家门亲友都要邀请，其中舅舅是不可缺少的上宾。晚上，舅甥坐在火塘边对唱古老的歌，回顾祖先的游牧生活。"给羊子"是用纯白的绵羊作替身，要它为死者带路去阴间。巫师先在羊耳上撒酒和糌粑，死者家属跪着请羊喝酒，并向它磕头辞行。在宁蒗地区，普米族的孝子们要向"给羊子"用的羊叩头，巫师边念经边用酒擦羊身，如羊身战栗，则象征死者领受孝子们的心意。然后，巫师一刀刺入羊胸，取出羊心，献上灵桌，供于骨灰罐前，巫师则给死者念"开路经"。祭祀用的这只羊，死者亲属不能吃，要送外人。至第四天，将骨灰罐送往坟山，由巫师唱"开路歌"，

---

① ［元］脱脱等撰：《辽史》第五十二卷《礼志》五，北京：中华书局，1974年，第864页。
② ［美］卡尔·奥古斯特·魏特夫：《中国社会史——辽（907—1125）：总论》，载《辽金契丹女真史译文集》（王承礼主编），长春：吉林文史出版社，1990年。

送死者归故土，葬礼结束。普米人认为，通过"杀羊开路"仪式，将死者灵魂送归故土，即能与祖宗团聚。[①] 其他如东巴经中认为只有马和羊才能把死者引回到祖居地；藏民族本教的丧葬仪式中也是以羊作祭品，作为死者的引路者。

　　活态的民族志以及相关仪式让我们看到羊的领魂护魂的功用，其实羊作为殉葬的例子在考古发现中也很多。如 1998 年，甘肃高台县博物馆在骆驼城墓群西晋纪年墓考古发掘中，在棺木前左侧出土一只殉葬小羊，葬羊呈卧姿，两前腿伸展，显然系杀死后殉葬；[②]辽宁建平县北二十家子镇炮手 JRM1 辽墓墓道中发现羊骨架一具；[③]天津蓟县营房村辽墓中在人骨架西侧靠墓室后壁处用砖砌一祭台，内置羊头一具和四蹄骨；[④]内蒙古新巴尔虎左旗甘珠尔花辽石棺墓 M1 中，墓主人头骨右侧置一羊肩胛骨，M3 则于墓主人右肩上方置一羊肩胛骨；[⑤]内蒙古科尔沁左翼后旗呼斯淖尔墓也出土了羊骨架；[⑥]乌兹别克斯坦的泰西克·塔什（Teshik Tash）墓中，一个小孩被排列整齐的山羊角环绕着。[⑦] 所有这些考古实物的发现为羊的引魂形象增添了有力的佐证。

　　法国著名人类学家让-皮埃尔·韦尔南在其论文集《神话与政治之间》中分析宗教伦理和政治伦理的关系，宗教和政治永远都是

① 转引自葛华廷：《羊与辽代契丹人的葬俗》，载《北方文物》2003 年第 3 期。
② 转引自冯玉雷：《甘青地区羌人"引路羊"葬俗遗存考》，载《百色学院学报》2010 年第 6 期。
③ 辽宁省文物考古研究所：《辽宁建平县两处辽墓清理简报》，载《北方文物》1991 年第 3 期。
④ 赵文刚：《天津市蓟县营房村辽墓》，载《北方文物》1992 年第 3 期。
⑤ 王成、陈风山：《新巴尔虎左旗甘珠尔花石棺墓群清理简报》，载《内蒙古文物考古》1992 年第 1—2 期。
⑥ 冯永谦：《辽代陶瓷的成就与特点》，载《辽海文物学刊》1992 年第 2 期。
⑦ ［美］米尔恰·伊利亚德（Mircea Eliade）：《宗教思想史》第 1 卷，吴晓群译，上海：上海社会科学院出版社，2011 年，第 13 页。

剪不断；在《古希腊的神话与宗教》中他又指出："神话、祭祀仪式、转义的表象，这是三种表达模式——口头的、行为的和想像的——通过这些模式，希腊的宗教经验表现出来"。① 因此，作为宗教经验表现形式的神话必然与政治也有关系，而且神话会随着社会发展的需要，经常被不断地改写，甚至再造，为的就是满足社会的需要、满足政治的导向。在世俗世界里，天上的神权对应地上的君权，神权始终凌驾于君权之上，想要建立一个权力高度集中的社会，一个"上同而不下比"的政权体系，君权只有神授才能立得住，只有得到神权的庇佑才会巩固。而君权神授神话，往往又离不开显圣物，这种显圣物可以是器物，也可以是动物。因此，还原到本文，最早构建的以神羊为符号载体的神羊沟通神灵传说、神羊决案神话、神羊引魂传说，利用羊为显圣物，在传达民间信仰的同时，实际服务于一种政治理念，即宣扬神权的存在与有效。与此同时，神羊也完成了从民间信仰的民俗符号到天命政治的权力符号的转型。

到了现代社会，羊的神圣性被淡化，但是其包含的各种意义却没有完全丢失。2017 年，恒源祥集团根据清代郎世宁《百子图》为底本设计了百羊百子被，这一独具匠心的设计，不仅有着极好的寓意，也给恒源祥集团旗下的恒好百年家纺打响了名声。这种从图腾符号到商品品牌的转换，是企业产品民俗化实践的重要形式之一。

第四节　新节庆的认同构建

企业节日作为一种新节庆，它的主体既有企业，也有参与消费

① ［法］让-皮埃尔·韦尔南：《古希腊的神话与宗教》，杜小真译，北京：生活·读书·新知三联书店，2001 年，第 22 页。

的民众,这两部分的结合构成了节日的整个表达载体,关于新节庆的认同构建也需要从这两个主体身上同步开展。这种认同构建尤以情感仪式和参与精神最为重要。其中,信仰仪式由企业去构筑,参与精神则是民众的行为,这两部分也存在着相互依存关系。从阿里巴巴的"双十一"和小米科技的"米粉"节中,我们可以看出,"双十一"和"米粉"节的主要对象都是年轻人,这一点在附录1的问卷调查中也可以看出。[①] 这两个节日里,集中消费的都是年轻人。但是,"双十一"将年轻人牢牢抓住,"米粉"节的粉丝却逐步地被华为、vivo等品牌吸引,当发烧友不再坚持时,也是"米粉"节没有狂欢时。究其原因,"米粉"节相较于"双十一",没有让参与者的主体精神得到强有力的发挥。

民众"自由"的"处境"是葛兰言在《古代中国的节庆与歌谣》一书中主要讨论的"节庆",在葛兰言的意义上,"自由"的近义词是"控制",是社会以节庆为手段预先强加给这些主体一整套控制。[②] 如果用葛兰言的这个理论去解释现代节日里民众群体的消费行为,那么群体的消费在"自由"的后面实际上也有着"控制",这种"控制"也源于社会,如社会攀比心理、社会舆论,因为商家在节日里打着"孝敬父母"、"尊重长辈"、"情有独钟"等旗号时,群体的"自由"消费便被"控制"起来了。而实际上,这种控制就是民众信仰产生的最初方式。当信仰仪式加入到消费时,民众的参与精神便会被调动。

"互联网时代,每位用户都可以与从来没有接触过的其他用户

---

① 调查问卷中,网购的对象基本都是年轻人,使用小米手机的也大多是年轻人,即便老年人使用小米手机,也是家中子女帮其购买。
② ［法］葛兰言:《古代中国的节庆与歌谣》,赵丙祥、张宏明译,桂林：广西师范大学出版社,2005年,"译序",第6页。

在某个社交网络中互相交流，分享他们的经验、对某款产品的了解及其各自的消费主张，最后形成物以类聚、人以群分的消费主体。这种消费群体的自我意识十分强烈，对产品和服务不再仅仅停留在功能需求的层面，他们更多的是想将自己的感情宣泄出来。他们对上游活动可以说是极度渴望的，非常想参与一些决策的制定，达到他们'参政议政'的目的。"①这种参与精神不同于一般的消费，这是一种因认同而产生的消费，是打造民俗经济最便捷的方式，也是最有用的方式。

以"双十一"为例，从某个群体的消费行为发展到全民的节日狂欢，这就是一种"传染"，是互联网架起的消费共鸣。脱单、祈财等情感在"双十一"这一天通过购物等方式得到宣泄。加之本身"光棍节"已经成了一个文化符号，后由于仪式感的加入，民众对于这场节日催生出的消费行为就变得更为主动，生发出一种参与精神。相应地，民众对于仪式感的追求越强烈，与仪式相关的消费行为就会越主动，因仪式催生的产业也越来越有前景。"一个正在崛起的社会和充满希望的人们在渴望一种庄重的仪式感，一种对于生命的敬畏和尊重的感觉。所谓'文化'，并不是抽象玄虚的东西，往往正表现在一种具体而微的仪式之中。有了许多这种仪式，一个社会就有了自己的文化上的根基，有了自己的价值传承的基础。所以这种建立在日常生活之上的仪式，其实对于一个社会不可或缺。"②对于消费社会而言，这种仪式更加不可或缺，且有助于产业的发展。参与精神仪式对于消费的重要性，我们从阿里巴巴的"双十一"和"双十二"的对比中可以看出来。

---

① 黄钰著：《粉丝经济学》，北京：电子工业出版社，2015年，第33页。
② 张颐武：《需要庄重的仪式感》，新浪博客，http：//blog.sina.com.cn/s/blog_47383f2d010002pi.html.

　　阿里巴巴在有了"双十一"的成功基础上，打出了"双十二"的消费模式。然而阿里巴巴的"双十二"却没有能运作下去，这其实跟参与精神非常有关系。参与精神既指企业的参与精神，也包括民众的。对待企业节日，消费者的消费心理会有一个从不理性到理性的阶段。一旦从狂热回归平淡，势必会影响企业节日营销目的的实现。那么，如何改变这种状态？这首先需要对企业主体进行理念灌输。

　　普通的网上节日促销，获得的效果通常都比较一般。张延静在其论文《网上节日促销中顾客感知价值、顾客满意与顾客网购行为关系研究》（2014）中通过对网上节日促销的方式进行研究，指出网上节日促销的方式过于老套，缺乏新意，更缺乏对顾客的亲情关怀。汪洋在《电商经济步入政策红利和创新期》（2013）中认为电商企业在"双十一"购物狂欢节中仅仅打出价格牌并不能满足顾客的情感和心理需求。这些都从反面印证了信仰、仪式、参与精神等对于企业节日的重要性。所谓亲情关怀、情感照顾，无非是要架起企业与民众之间的沟通桥梁，这一沟通桥梁就是企业塑造的仪式。

　　早在 2009 年，锡恩咨询研发部研究员刘永烜受学者洛蕾利斯·辛格霍夫（Lorelies Singerhoff）的 *Why We Need Rituals* 一书启发，提出了"仪式营销"的概念，但并未对该理论做出系统的研究。刘永烜在他的博客中说道："如果我们能够将产品仪式化，或者说使产品融入仪式的过程，那么仪式的黏性需求就会附着在产品上，使得人们像渴望仪式一样，渴望产品；像人们不断做仪式一样，不断地消费产品；甚至会因为仪式在代际之间、在不同地方之间的传播，使得产品也跟着穿越时空。比如钻石，不过是一块漂亮的石头，但是在结婚仪式的背景下，成为了神圣爱情的象征，结果就像那句广告语'钻石恒久远，一颗永流传！'再比如香槟酒，在罗马恺撒大帝征服高卢时代就有了。想一想，如果不是庆祝仪式赋予它具有奢侈、诱惑和浪漫的色彩，使其成为快乐、欢笑和高兴的同义词，那么香槟和其他的酒类又有什么差别。"①2011 年，学者Fang Yingfeng 在日本举行的第八届创新与管理国际会议上发表题为 Study on Effects of Ritual in Marketing 一文，首次对仪式感营销下了一个明确的定义，他认为："仪式感营销"可以界定为营销主体通过对人们特殊消费行为的仪式化设计，赋予消费行为神圣意义或传承性价值，从而达到创造、引导消费活动的营销目的。Fang Yingfeng 认为，一是仪式可以巩固社会认同。参加仪式的群体被视为一组，在仪式中，人可以得到正式的位置。二是仪式可以让人们分享特定的信息或价值。② 仪式营销，对于创造企业节日的企业来说，非常重要，因为节日如果缺少仪式，那么这个节日就没有存在的意义了。企业在对待企业节日时，也应该将其作为一种特殊的节日去对待，将仪式营销运用于其中。

詹姆斯·凯瑞在《作为文化的传播——"媒介与社会"的论文集》中把传播的定义分为两大类：传播的传递观（a transmission view of communication）和传播的仪式观（a ritual view of communication）。"传播的'传递观'是美国文化中最常用的——可能也是所有的工业企业文化中最常用的——它是现代词典中关于'传播'一词的最主要条目，'传授'（imparting）、'发送'（sending）、'传送'（transmitting）或'把信息传给他人'（giving information to others）这些词常被用来定义传播。传播的中心意

---

① 刘永炬：《仪式营销：星巴克该如何突围？——读〈我们为什么需要仪式〉的思考》，新浪博客，2012.12.18，http://blog.sina.com.cn/s/blog_5d597c010100erbc.html.
② Fang Yingfeng, "Study on Effects of Ritual in Marketing," Proceedings of the 8th International Conference on Innovation & Management, 2011.

思是指为了控制的目的，把信号或讯息从一端传送至另一端。"①
"传播的仪式观把传播看作是创造（created）、修改（modified）和转变
（transformed）一个共享文化的过程。传播仪式观的核心是将人们以
团体或共同体的形式聚集在一起的神圣典礼。"②

　　从上文的两种定义中，我们可以看出传播的传递观主要是一
种单向性的传播模式，而传播仪式观则主要是一种情景式的"场"
模式，可以将其隐喻为一场仪式或典礼。在这场仪式中，所有参与
传播的人都是平等的参与者，这种参与不带有任何意图性的信息
发送和接受；传播的意涵为仪式内容的生产与再生产；传播成功与
否的标准是参与者是否成功分享了经验，或者是否获得了共同的
信仰。仪式的功能是使所有参加者不仅能够在现实空间中聚集到
一起，而且还能够跨越时间，共同分享经验。在小米科技的第一次
"米粉"节中，仪式的功能运用得非常到位，"米粉"被聚在一起，跨
越时间，分享经验。米聊社区的营造依旧是这样。

　　有了企业主体的仪式营销，民众的参与精神融入节日，那便成
为顺理成章的事。关于仪式营销，企业节日当天可以通过各种形
式加以渗透，如企业产品对于传统符号的运用、民俗符号的艺术设
计等，前文已作过详细的论述。然而这些只是吸引人们参与的具
体方法，唯有节日才能够让民众感觉到神圣。节日这个平台的营
造能够将这些元素巧妙地融合在一起，让民众在节日当天的消费
中更加具有不可替代性。

---

① ［美］詹姆斯·凯瑞：《作为文化的传播："媒介与社会"论文集》，丁未译，北京：华夏
　出版社，2005年，第4页。
② ［美］詹姆斯·凯瑞：《作为文化的传播："媒介与社会"论文集》，丁未译，北京：华夏
　出版社，2005年，第28页。

第四章　新节庆的经济创新：
企业节日与非遗

　　"民俗文化的范围，大体上包括存在于民间的物质文化、社会组织、意识形态和口头语言等各种社会习惯、风尚事物。物质文化，一般包括它的各种品类及其生产活动两个方面。它是由人类的衣、食、住、行和工艺制作等物化形式，以及主体在物化过程中的文化传承活动所构成的。像传统的民居形式、服饰传统和农耕方式等，都是物质文化的内容。"①作为物质文化的重要组成部分，非遗产品承载着民俗的要义，具备传承和教育的基本特质。正是由于这样的属性，非遗如何进行产品化被企业所关注，产品化后的非遗也在作为企业节日推出的衍生品加以使用。本章将以上海西郊农民画和唯品会为例，探讨企业节日与非遗产品之间的相互关系。

第一节　西郊农民画的文化品牌塑造

　　在上海，农民画作为市级非遗项目，以金山农民画为代表。然

---

① 钟敬文：《民俗文化学发凡》，载《北京师范大学学报》(社会科学版)1992 年第 5 期。

而作为后起之秀，西郊农民画的光彩并不逊色，从画作的内容到画作本身的意义，都满载时代的华彩。对于农民画，往往有两个错位的理解，一是农民画是农民画的画；二是农民画画的是农民的生活场景。第一个错位是对农民画作者身份的错位理解。如果说农民画就是指"农民画的画"，那么这一诊断在很多场合便会出现矛盾，尤其是放置在当下一些农民画的作者身上更加不符合实际。比如说新疆麦盖提农民画的作者中就有不少是牧民；农民画的作者中学院派出身而没有农村生活经验者也并不鲜见，如金山农民画的开拓者吴彤章先生；一部分农民画作者在成名之后完全以画画为生，不再务农，如西郊农民画的传承人胡佩群女士。这是从作画者本身的身份来界定。

　　第二个错位是对农民画内容方面的错位理解。从农民画的内容上，我们也可推翻"农民画就是画农民"的说法。如果说农民画是专门"画农民的画"的话，那么这也是不符合现实的。如舟山渔民画反映的是渔民的生活，但它仍然被视为农民画。在当代，城市街头巷尾的宣传画用的都是农民画的形式，内容是城镇化的变迁，那这些是否能认定为农民画？所以说，单纯以画的作者和画本身来定义农民画行不通，也不科学。那么农民画的定义究竟是什么？该如何界定呢？

　　复旦大学郑土有教授对农民画有很深刻的研究，他曾给农民画下过一个定义，他指出："农民画是新中国社会主义文化制度下形成的独特艺术形式。它是由文化部门组织、专业画家指导（辅导员）、农民作者创作'三结合'形式下的产物，政府力量、精英力量、草根力量三者共同促成了农民画的生成。"[①]这个定义较为客观地

---

① 郑土有：《三种力量的互动：中国农民画艺术的生产机制》，载《民间文化论坛》2014年第1期。

给农民画进行了内涵和外延的概括。从这个定义中我们也可以看出，农民画不是通常所说的就是农民画的画，但是农民画与农民息息相关，且主力就是农民。

受农耕文明的影响，农民在结束一年的农忙后，会有一段清闲的时间，这段时间给农民的艺术创作提供了良好的时间条件。赋闲在家的农民有了时间和实际的经历，所以能够创造出跟他们生活息息相关的场景。然而农民画的发生、发展以及结果还是受政治等因素制约，农民画的产生与存在的重要根源之一便是中国社会的特殊背景。20 世纪的中国革命是一场农民革命，这段时期里的战争，也主要是以农民为兵源，而且是长期在农村开展战争。农民画在那个时期同枪杆诗等民间艺术形式应运而生。后来，农民画的发展经历了三个发展高峰期。第一高峰期是 1958 年，这时的农民画主要以墙画的形式出现。第二高峰期是"文革"期间，这时期农民画的代表是陕西户县农民画，农民画的作品基本是应政治运动而生，多为政治表述。当然也有随之而生的金山农民画，金山农民画因为产生于"文革"后，它的艺术形式高于政治表述。第三个高峰期是 80 年代中期，这时的农民画出现了百花齐放的态势，陕西、江西、贵州等地都出现了大批的创作群体，且这一时期的农民画艺术造诣有了很大的提升，受到了广泛关注。

从这三个高峰期可得出农民画的发展交织着多股力量，尤其是郑土有教授给出的农民画定义中的三股力量。农民画的发展首先需要政府给予政策，如果政府重视，那么任何艺术都有机会发展，农民画也不例外。发展到当下，很多地方的农民画被列为市级、省级乃至国家级的非遗，这便是政府给予的政策优惠。其次需要艺术专业力量给予指导。农民画的创作主体是农民，农民们没有很高的文化水平和审美能力，需要艺术家给予艺术的指点，如对精神性的追求、对艺术语言的创造、对外来艺术的借鉴等。在这诸多的指点中,农民画不止能赢得文化精英们的尊重,更会让它融入到精英艺术中。最后,也是最根本的是需要草根力量给予创新。中国广大的农民因生产方式、生活习俗和教育背景等因素,总是相对保持着他们的文化特性和相较于学院派的艺术偏离性,所以在艺术创作上较难有突破。拿农民画来说,它的主题一直停留在对农村、农民、农事等的描绘上,需要有更多的创新。

在多股力量影响下产生的农民画,它的特点也是非常鲜明的,开始是自娱性比较强,后来是接受度比较弱。所谓自娱性较强,也就是自己创作自己欣赏,受众就是所谓的圈内人。这些农民画作者以及他们所作的农民画没有销售、推广的动机和功能,其创作不是为了消费而生产,而是为了打发闲暇时光。到了国家大力推行非物质文化遗产时,农民画得到了高度重视,传承人们作画的动机也发生了改变。他们也想让农民画走向市场,这不仅是经济的催使,也是农民画作为艺术发展的道路选择。然而由于"传承"的枷锁,农民画的主题难以突破,作为绘画,并不为广大群众所普遍知晓和接受。因为不熟悉农民生活、情感、审美习惯、审美理想和趣味等,就无法懂得他们的艺术语言。农民画只有一群孤独的研究者。

中国农民画肇始于 20 世纪 50 年代,是在特定政治体制和文化体制下发展起来的独特艺术种类,在其曲折的发展进程中,大体经历了三个阶段,分别为束鹿、邳县模式阶段,户县模式阶段和金山模式阶段。[①] 西郊农民画属于第三个阶段,但它跟金山农民画相比,在原有的携浓厚乡土气息和地域特色的基础上,细致而全面

---

① 详参郑土有:《中国农民画考察》,上海:上海人民出版社,2014 年。

地跟踪描述了地域的城镇化过程。应当说既有传承，又有创新，这种创新让西郊农民画的意义有了彰显的可能。

西郊，意指上海市的西部郊区，主要包括原上海县（今闵行区）、原嘉定县（今嘉定区）、原青浦区（今青浦区）、长宁区、普陀区等。在没有开发之前，20 世纪 80 年代的西郊，充满着田园气息，麦香稻香在田野四下弥散；各类蔬菜瓜果在架上、地上争相生长。这样的生活给地处西郊的人们提供了创作的土壤，农民画就是在这样的环境中孕育并破土而出，继而繁衍开花。炉灶画、手绘年画等艺术形式在 20 世纪三四十年代的时候就已经在新泾地区盛行，后来因为各种原因逐渐为大众忘记。直至 20 世纪 80 年代，农民画家高金龙、胡佩群等重新认识到新泾炉灶画、手绘年画的艺术价值，对原有的炉灶画、手绘年画进行传承发展、挖掘创新，逐步创作出一系列西郊农民画。

西郊农民画的主要传承人有高金龙和胡佩群，其中，高金龙的画作奔放热情、写实写意，对西郊农民画有奠基之功；胡佩群则履行传承之责，其绘画风格细腻，充满着强烈、真挚的乡村情怀。1987 年至 1993 年间，高金龙创作了近三十幅代表作，他和胡佩群的画作甚至远销到了海外。也正是由于他们及其他农民画家的贡献，1993 年，新泾镇（当时的新泾乡）以西郊农民画入选文化部命名的"中国民间艺术之乡"。2007 年西郊农民画被列入长宁区非物质文化遗产保护项目名录，2015 年被列入上海市非物质文化遗产保护项目名录。

"西郊农民画以传统高丽纸为画纸，以农村田野、民俗、民风和农村劳作场景为基本素材，采用独立的情景构图，以浪漫丰富的想象，大胆的艺术夸张手法，水粉为颜料，水墨勾线，重彩艳丽，线条流畅，人物夸张，多视角化的平面构图，透出中国彩墨画和西洋油画的艺术笔触，释放出的浓浓泥土气息，孕育着令人陶醉的江南风情。"①如高金龙的《莲藕仙子》、《水乡迎亲》、《端午家庆》，胡佩群的《柿柿如意》、《闹新房》、《蚕情》等，这些画作充满了西郊的风土人情，地域文化特色鲜明。这都是源于西郊农民画的传承人都是西郊本土人，他们的画作都是以西郊为原点，构筑的都是西郊的生活风貌。然而，随着城镇化的发展，这些场景遭到了破坏，西郊农民画的发展也随之遇到了瓶颈。

群体的生活环境影响着群体的心理，在城镇化进程中，西郊被不断地"现代化"，原来的乡民变成了市民，他们的生活影响着他们的审美。"同属长宁区的市民阶层以其保守而优越的文化立场歧视、误读农民画的乡土本质，主政者也质疑农民画在城市中担当政治功用的必要性，原以务农为本、现为新兴市民的新泾乡民在其身份转换的焦虑中竟也对表征着乡土符号的农民画避之而唯恐不及。在政治、经济、文化的多重压力下，农民画创作阵营日益解体，传承主体胡佩群等皆无奈淡出农民画坛。随着1994年新泾乡文化站更名为新泾镇文化馆，同年传承人高金龙被新泾镇文化馆辞退，西郊农民画的发展跌入低谷。1996年，高金龙因病去世，则标志着西郊农民画基于其文化特征而建构起来的认同性遭遇彻底断裂、消解。"②发展至今，西郊农民画的主要传承人只有胡佩群一人，她平日除了画画，还有就是开设一些培训班，给社会上的小朋友进行创作指导。凡此种种，西郊农民画的传承路径亟待探索。

西郊农民画的这种特殊性也产生了正面的教育意义，在上海

---

① 《西郊农民画在"田野文化"花苑里绽放》，载《东方城乡报》2015年11月17日第A06版。
② 李柯：《上海西郊农民画产业化发展的可能性——基于经济民俗学认同性经济的理论探究》，载《文化遗产》2016年第2期。

地区形成了非常好的教育实践。2016 年的"国际博物馆日"主题
是"博物馆与文化景观"，西郊农民画因为独特的景观意义，走进了
上海高校民俗博物馆。2016 年 4 月 29 日至 5 月 31 日，华东师范
大学民俗学研究所、华东师范大学民俗学博物馆、上海市长宁区新
泾镇社区文化事务中心联合承办了"农民画与文化景观"的展览，
该展览吸引了大批中小学生、社会群体以及国外人士的参观，如
"进小学：威宁路小学阳光小队校外活动"、"进中学：曹杨二中高
二'筑梦'社会实践活动"、"美国国际教育交流协会（CIEE）上海中
心'初识中国'教育活动"等。在这些主题活动中，西郊农民画作为
象征符号，或引发学生想象，或寄托市民乡愁，或传播传统文化，形
成了一轮景观叙事。

第二节　西郊农民画：以文化认同为
基础的非遗消费

　　非物质文化遗产的传承主要有家族传承、师徒传承以及社会
传承等形式，然而随着社会发展步伐的加速，以上传承形式均难以
为继。如家族传承和师徒传承中，传承人的后代往往对传统艺术
形式不感兴趣，尤其是旧时的师徒关系在当今有了很大变化后，这
两种传承形式很难再留存。社会传承中，当下比较多的是传习所
和社会培训班，然而这种传承形式也有问题，如很多人前来学习往
往都是作为一种业余爱好，很难将其作为传承人去培养。有的非
遗传承人曾坦言很多小学生来学习非遗，基本都是为了给自己增
加一点艺术才能，为的是能在学校考试中加分。试想，这样的学习
动机和学习时间如何能让非遗得到有效传承？

　　西郊农民画的传承，遇到的也是同样的问题。然而西郊农民画有着先天的商品属性，这一点为农民画的传承提供了另一条路径，即通过消费进行传承。西郊农民画的商品属性体现在两个方面：审美特性与丰富多元的文化意义。

　　首先就是独特的审美特性。穆卡洛夫斯基（布拉格学派符号学家）认为，任何产品都具备两个功能，一个是物品本身的使用功能，一个是物品的表达功能。实用功能即强烈的实用性。而表达功能中则包含了认知功能和审美功能。这就是说审美特质在非遗作品中也不可或缺。所以，作为一种样式，非遗作品必须具备美的品格，其审美功能主要体现在能够让受众赏心悦目，心情愉悦。独特的审美特质能够激起人们审美的欲望。

　　其次是丰富的文化意义。作为传统文化的物化载体，非遗作品必须具有明确的符号特征，即有对传统文化的表达功能。比如非遗作品应包含强烈的节日特征，能传承节日礼仪，能促进文化传播，能增添节日气氛等。受众从非遗作品中能够获得对传统文化、社会、自然、人生以及哲学等方面的认识，提升自己的文化涵养，醇化自己对传统的认知。而且，非遗作品作为文化传播的媒介，可以在国外消费者消费的同时，弘扬和促进中国传统文化的发展，利用非遗作品这一媒介，加深他们对中国灿烂辉煌文化的了解，起到文化传承的作用。

　　西郊农民画完全具备上述两点特性。作为不是独立发展起来的艺术品类，它既与传统绘画有一脉相承的联系，也有民间绘画所没有的特质。西郊农民画在形式上借鉴了传统民间工艺中年画、版画、灶画、剪纸、石刻等形式，采用多视角平面化构图，人物形象质朴，往往色彩浓重，视觉冲击大；在内容上经历了由农村田野民俗风景到城镇化变迁再到城市生活风景的变迁。人们在这种形式和内容中都能找到自身想要寻觅的文化情愫，尤其在传统节日、民俗生活中，人们极易在这种艺术形式中获得生命的亲和感并产生情感共鸣，从而形成文化认同。

此外，在现代化进程中，尤其是在上海这样的国际化大都市，在面对冰冷的楼宇和嘈杂的人群时，这种具有乡土气息、朴素人情以及精神自由的画作给人们提供了想象的场域，是人们乡愁寻根、追逐自然的美好原乡，这种景观是最和谐的"故乡原风景"。

有了这样的属性，那么如何借助外力有效传承呢？市场化是一条途径。市场化虽然不能立竿见影地帮助西郊农民画得到传承，但它有两点好处，一是这种形式能让更多人认识农民画，形成广大的群众基础，吸引人们的注意、提高人们的关注，这样才能吸引人来学习，继而传承；二是市场化能够带来经济效应，这样才能刺激人们前来学习非遗，因为非遗的传承不光是一份情怀，也需要满足生活需求。有了市场化的大前提，西郊农民画的传承才会事半功倍。

如何才能让西郊农民画更好地走向市场呢？存在两个关键，一是生产，一是销售。文化部于 2012 年初出台了《关于加强非物质文化遗产生产性保护工作的指导性意见》，其中就有明文指示："非物质文化遗产生产性保护是指在具有生产性质的实践过程中，以保持非物质文化遗产的真实性、整体性和传承性为核心，以有效传承非物质文化遗产技艺为前提，借助生产、流通、销售等手段，将非物质文化遗产及其资源转化为文化产品的保护方式。目前，这一保护方式主要是在传统技艺、传统美术和传统医药药物炮制类非物质文化遗产领域实施。"[1]可以这样定义，非遗产品不仅是对

---

① 转引自田兆元：《经济民俗学：探索认同性经济的轨迹——兼论非遗生产性保护的本质属性》，载《华东师范大学学报》(哲学社会科学版)2014 年第 2 期。

传统文化的传承，对经济的增长也有重大意义。弗里森（V. Friesen）从符号学角度对"徽识"有过解释，他说："徽识所指的是有直接的言语诠释或字典定义的非语言行为。其意义为一群、一个阶层和一个文化的所有成员所熟知。"[1]非遗产品在一定程度上也是一种徽识。所以，通过对非遗产品的符号化、创新化设计，可以使非遗产品满足消费者文化消费和日常生活的需求，创造更大的文化价值和经济价值。

首先是生产。非遗产品的批量生产，前提是要让产品获得认同。这个认同包括两个方面，一是企业的认同，二是市场的认同。这两个认同其实又可以简单归结为市场认同，因为企业向来以经济为最大目标，获得市场认同，企业必然得到认同。如何获得认同？非遗产品是体现民俗真义的精华，让非遗产品获得产品认同必须具备以下几点：

强烈的实用性。作为一种商品，非遗产品应该满足人们在使用方面的实际需求。虽然文化是非遗产品的首要真义，但是实用性也必不可少。如非遗食品再独特，首先要能够适合人们的口味；非遗服饰再华美，也要能够满足人们的御寒需求等。

仪式美术的再现。很多非遗产品因为特殊原因无法获得主流的认同，被认为是封建迷信的产物，如丧葬仪式中的面具、服饰、雕塑等就是代表。但是如果将其视为一种广义上的美术再现品，那便能获得"再生"。以面具为例。面具通常用在巫师的通天、招魂等仪式中，然而随着现代化的到来，人们逐步将面具从传统中解放出来，成为娱乐、商业的新宠。"在纵情狂欢的化装舞会中，不仅性别意识荡然无存，就连通常的社会等级也被颠倒过来。在巴西的

---

[1] P. Ekman, W. V. Friesen, "The Repertoire of Nonverbal Behavior: Categories, Origins, Usage, and Coding," *Semiotica*, 1969, 1.

狂欢节中，贫民窟中的穷人们向来穿着十八世纪葡萄牙宫廷服装，而上等人在这种场合却扮演了反社会体制的角色：如海盗、匪帮、印第安人以及妓女。这类体验看来具有真正的宣泄作用。在欧洲的各个不同时期，狂欢节常被用来攻击既成的社会秩序，最初采取的方式是取笑、讽刺虚伪的资产阶级官员，但后来则成了公开的反叛。在许多文化中，有些职业，在履行其'正常'的职业技能时包含着对肉体施暴力，那么操这一行的人必须戴面具。这样的行业包括：土匪、外科医生、刽子手。那些遭到社会惩罚的牺牲品，他们的脸部通常也是掩盖的。在所有这些场合，唯有一点是共同的，即在对物质或社会的现存世界实施具体变革时，面具即便不是必不可少的工具，也是重要的辅助手段。"①在这种情况下，面具作为广义的美术再现品便获得了再次消费的属性。

从上文所列的非遗产品特点中可以看出，任何非遗产品的功能属性都不是单一层次的，而是多层次复合的。多层次的复合才能形成品牌，而品牌则是市场运作的有效路径，是所有功能价值的合力化符号，它最终决定了民俗制品的定位和生产，当然也会影响其销售成果。

除了生产是关键以外，销售也是关键。市场化的今天，销售已经成为每个企业的根脉，营销策略层出不穷。作为民俗制品，其销售也应该对症下药。首要考虑的便是节日平台。"在闻名遐迩、精心布置的节日庆典上，人们公开地展示自己的产品，表现自己引以为自豪的富足，并兴奋地交换、展示、传观、赠送或接受那些最富活

---

① J. C. 克劳克：《庆典中的面具》，载[美] 维克多·特纳编：《庆典》，方永德等译，上海：上海文艺出版社，1993年，第97页。

力的文化象征。"①亚伯拉罕在此道出了节日交易的特性。节日作为传统文化的产物，有着一定的认同度，节庆里人们对日常生活秩序进行颠覆与反动，成为人们释放自我、娱乐狂欢的合理途径与方式。举行各种各样的庆祝活动成为人们表达节日欢快的主要方式，如朋友聚会、集中购物、互赠礼品、异地旅游等等。

以上概述了非遗产品走向市场应该具备的特点，那么作为非遗产品的一种，西郊农民画如何发展呢？如何从生产和销售角度加快西郊农民画市场化步伐呢？

在论述西郊农民画的产业化之前，我们可以先看一下金山农民画的产业化道路及其带来的民俗经济。金山农民画是上海金山区的民间传统艺术之一，起于20世纪70年代，成熟于80年代，以江南风土人情为题材，展现了美好的家园生活和闲适的农耕文化。随着金山农民画在各种重要场合的露面，其知名度越来越高，也愈

图 4-1　金山农民画手机壳②

① 罗杰·迪·亚伯拉罕：《节日的语言：对经济繁荣的庆祝》，载[美]维克多·特纳编：《庆典》，方永德等译，上海：上海文艺出版社，1993年，第205页。
② 图片来自上海金山。原文标题：《金山农民画四款限量版 iphone 手机壳问世》，http://jsq. sh. gov. cn/gb/shjs/zwxx/zwyw/userobject1ai70446. html，发表时间 2012.4.29，本人登录时间为 2018.1.4,11:25。

加被人们接受，其产生的附加产品数量和形式也逐渐增多。非但如此，相当多的业内人士还说，农民画不受透视原理约束，在作画手法上别出心裁，很多地方都能符合西方现代画的审美旨趣，能够走出国门。比如画鱼塘，按传统西洋画技法，只能画出透视之下的边沿，然而农民画却把底也翻上来。这种做法在无形中暗合了西方现代画家的创新之处。这些创新的外在形式使得金山农民画在近些年有了很好的产业化发展，其产业化成绩可参看附录4。

金山农民画的产业化道路也给后起之秀西郊农民画提供了很好的参照。西郊农民画的产业化道路与金山农民画在理论上相通，在实践上也有可借鉴之处。

首先依旧是生产方面。西郊农民画的生产其实就是农民画的创作。农民画所承载的文化意义自不必说，有着鲜明的中国特色。而作为一种现代工艺，农民画的审美旨趣是生产的关键。非遗的传承有家族传承、师徒传承、社会传承等诸多形式，但是不管哪种方式，既然是传承，那就有一个核心命脉，创作基本主题不会变。既然无法改变这个主题，那就需要在审美旨趣上做文章。这就是前文所说的需要艺术专业力量的帮助。西郊农民画的生产者因为自身的教育背景，他们的审美旨趣有待提升，最好的办法就是给他们进行辅导。"辅导的使命有二条，一是开发，二是塑造。即以艺术精英的素养去开发农民作者的艺术创造力，塑造农民艺术家和相应的艺术模式。"[1]经过这样的辅导，可以帮助传承人群提高文化艺术素养、审美能力、创新能力，在秉承传统、不失其本的基础上，提高他们的创作水准、制作水平，促进农民画走进现代生活，让现代理念与传统工艺融合。这也是当下文化部、教育部共同实施

---

[1] 郎绍君：《论中国农民画》，载《文艺研究》1989年第3期。

的针对非物质文化遗产传承人群的教育活动——中国非物质文化遗产传承人研修研习培训计划的根本出发点。

一旦农民画激活大众的审美细胞，那么它的市场化就完成了一个大前提。既然独特的审美特质能够刺激消费者，那么就可以将农民画附着于很多商品中，如化妆包、抱枕，这些实用的日常用品加上颜色明快的农民画装饰后，实用与美观并存，大大加速了西郊农民画的市场化进程。

图 4-2 西郊农民画化妆包

（笔者持有）

完成生产方面的环节后，销售西郊农民画是另一个环节。在农民画的产业化道路上，很多地方都进行过尝试，如陕西户县的农民画，当地曾有过很多尝试，如开设以农民画为主要商品的现代民间艺术品超市；开辟农民画民间风情一日游；建立农民画网站；美化公共场所，城市沿街的一侧为城区路线图或广告，另一侧为农民画获奖作品或一些新创作品等。① 当然这些都是非常好的举措，但是这些举措基本是宣传大于销售，没有很好地将农民画切实地销售出去。

---

① 详参蒋明、曾伟、高强：《发展特色文化产业，提升县域经济竞争力——陕西户县农民画产业发展实证研究》，载《西南民族大学学报》（人文社科版）2005 年第 2 期。

农民画既然是非遗产品的一种，那么它本身就自带文化认同因子。所以，创作出跟中国传统节日相关的画作，在相应的节日推出，就好比年画之于春节一样，必然会引燃消费者的热情。从节日平台的效应中增收效益，农民画的市场化应当会得到进一步发展。

从生产和销售这两个路径去探索西郊农民画的市场化，也就是从主体和客体两个层面去探讨，因为西郊农民画的生产就是农民画的创作，涉及主体，而农民画的销售对象就属于客体。充分挖掘创作主体的"大众意识"，使他们的创作更加符合广大群众的审美旨趣，这是生产的重心。调节利用好销售的节日平台，让客体的消费从被动到主动，这是销售的重心。做到这两点，从理论到实践，相信会给西郊农民画的市场化带来启发。

第三节　唯品会＋非遗：企业文化与企业经济双创新

作为农民画走向市场的一个销售平台，企业节日是一个很好的选择。在网购如此发达的今天，传承人们也将目光转向了互联网。在以往的销售中，他们通常选择与博物馆、画廊等合作，或者就在农民画发源地的古镇等开设专营店等。如枫泾古镇上的农民画个体销售店，这样的销售店通常都是自己画自己卖。当然在古镇上也有一家画店，他们在传统的创作风格上有所改动，创立了自己的品牌，这样的营销模式，或许对于农民画的传承也有积极作用。此外，在金山，还有金山农民画村。金山农民画村是金山农民画的发源地之一，是集农民画研究、创作、展示、收藏、流通、认证于一体并具有江南农村风貌的旅游风景区，开发建设坚持以农为主、以画为魂。在旅游产业的带动下，既是艺术的圣地、创作的乐园、又是休闲娱乐、放飞心灵的"世外桃源"的金山农民画村，已经发展成上海市一个具有深厚文化底蕴、独具特色的农家乐旅游区。在画村里，游客们可以看到中洪村著名的农民画家们创作、装裱农民画的全过程，可以欣赏到金山农民画的精品佳作，也可以选购到经过认证的农民画原作。这是典型的以农民画发展起来的民俗文化产业。

然而这种传统的销售方式已经不能满足市场的需求。此前对西郊农民画的传承人有过相关采访，这里就西郊农民画在市场化的过程中，其与企业节日的相关合作做一番探讨。

节日与交易关系紧密，而围绕节日形成的经济效益也是蔚为壮观。节日经济是一种消费经济，是以居民出游消费为主体的消费活动带动相关产业发展的经济现象；是人们利用节假日集中消费、集中购物的行为；是一种带动供给、带动市场、带动经济发展的系统经济模式。节日经济有巨大的消费市场，因为居民出游或出行消费，所涉及的一切消费活动，如食、宿、行、游、购、娱等消费全部需要社会承担，所以无论从经济学角度，还是从市场学角度，都极大地推动着企业主动地适应和满足这种需求，并不断调整企业的经营模式和范围，以捕捉市场的新机遇。

既然非遗产品是中国传统文化的物化载体，是体现中国传统的符号标志，那么利用中国传统的、现代的节日作为营销阵地，利用节日经济带动非遗产品的销售，适得其所，也必然会事半功倍。充分利用节日平台，形成平台认同，以节日经济带动销售，这是非遗产品销售的最佳路径，如在全国各大美食节，推广各类非遗食品。集中购物是节日经济的核心，是节日内涵的重要体现，非遗产品也可以在这个时候加入到这一行列，以节日经济带动销售增长，比如非遗产品在设计环节上加入各大节日标志性元素，设计不同的造型来表达不同的祝福。从商品经济到符号经济，非遗产品已日益成为节日习俗的基本元素和象征符号，因为很多非遗产品与节日的文化和礼仪有着直接的关系，也能够表现节日间的差异。而且，非遗产品与节日平台还存在互相影响的一面，即节日平台有助于非遗产品的销售；非遗产品也能有效增强节日气氛，加深人们对于传统节日礼仪习俗的认知。

此外，在非遗保护如火如荼的今天，"引导和探索非物质文化遗产生产性保护的方式方法，激发非物质文化遗产的内在活力，促进经济社会全面协调可持续发展"[1]已经成为一种趋势，而非遗产品有着天然的销售优势，那就是认同性消费。因为非遗产品本身即为一种文化结晶。例如西郊农民画，如前所述，它承载着乡愁，传递着文化，其衍生品在市场上有着广泛的销路。

西郊农民画本身虽难以实现批量生产，但经由创意设计、元素叠加、形态变换而制造的相关艺术衍生品却能辐射更广大受众，尤其是满足礼品市场的认同和需求。"尚需要特别指出的是，艺术认同中的保值性（增值性）内涵亦不容忽视。艺术品已逐步成为继金融、房地产之后的第三大投资领域，相伴或辅助的衍生行业如雨后春笋般兴起。法国 Art price 数据显示，2010—2012 年，美国艺术品拍卖成交额分别为 28 亿、27 亿、33 亿美元，各占全球总额的30％、24％、27％；而这三年中，中国艺术品拍卖成交额则分别为31 亿、48 亿、51 亿美元，各占全球总额的 33％、41％、41％"。[2]

---

① 文化部办公厅：《关于开展国家级非物质文化遗产生产性保护示范基地建设的通知》，办非遗函〔2010〕499 号。
② 李柯：《上海西郊农民画产业化发展的可能性——基于经济民俗学认同性经济的理论探究》，载《文化遗产》2016 年第 2 期。

　　以认同性为共生点，企业节日如果能连同非遗产品，必能加强节日的推广。在企业节日的符号设计、产品的生产和设计上都可以借鉴西郊农民画的特点，尤其是上海本土企业。如恒源祥企业，在推出自己的"恒好百年"系列产品时，借鉴了传统的百子图，如果能够再借鉴本土的农民画，或许产品的销售就更能得到认同。

　　在实际操作中，非遗也受到各大企业的青睐。2018年，唯品会推出了"非遗＋扶贫"的新实践。唯品会信息科技有限公司成立于2008年，旗下网站于同年12月8日上线。作为线上的奥特莱斯，其"名牌折扣＋限时抢购＋正品保障"的创新电商经营模式深得消费者青睐，为消费者带来了高性价比的"网上逛街"购物体验。起初，唯品会也有过固定的节日促销，它的企业节日定在了每年的4月19日，也是唯品会上市的日子。2013年，为庆祝公司在纽约证券交易所上市一周年，唯品会首次将"4.19"定为唯品会会员专属的"特卖狂欢节"，当年就发起了"一场史无前例的特卖会"回馈广大消费者，这是唯品会第一次发起全网大促。此后每年的4月19日，唯品会都会举行一次特卖大促。对于网购一族来说，"4.19"已成为唯品会专属的年度"剁手节"代名词。

　　唯品会的这一节日得到了巨大的利益回报。2013年的"4.19"特卖狂欢节，当天共有超过1 000万用户参与了此次活动，迅速创造了销量奇迹。2014年，唯品会再接再厉推出"4.19——一场史无前例的特卖会"：500多个知名大牌全面促销，大促前百万人参与了"填姓名免费登上京基100广告外墙、赢免单特权"的活动，数千万用户在大促期间下单，销量更同比增长400%。[①]

① 统计数据来自网易新闻。原文标题：《唯品会第三年"4.19"来袭，一场史无前例的全球特卖》，http://news.163.com/15/0416/16/ANBAIB7700014AEE.html，发表时间2015.4.16，15:18:00，本人登录时间为2018.1.8，11:25。

2015 年，为顺应消费者"买全球、卖全球"的最新购物需求，唯品会率先将当年"4.19"狂欢节升级为"一场史无前例的全球特卖会"。2016 年 4 月 19 日，周杰伦任唯品会首席惊喜官，当年唯品会倾力打造了"4.19 一场无与伦比的特卖会"。

图 4-3 "4.19 一场无与伦比的特卖会"宣传图①

从营销模式看，唯品会的企业节日利益颇丰，但因为没有加入文化元素，难以让消费者在感情上有共鸣，仅为单一的促销日，这对于唯品会的节日宣传或者说节日认同有所欠缺。但是，这两年来，唯品会关注到了非遗的潜在价值，积极探索"唯品会＋非遗"的经营模式，唯品会"唯爱工坊"与公益合作伙伴踏访 11 个省份，精

---

① 图片来自网易体育。原文标题：《看周杰伦任首席惊喜官后，如何颠覆唯品会 4.19 特卖节》，http：//sports. 163. com/16/0414/10/BKJVAB380005227R. html ♯ from＝relevant，发表时间 2016. 4. 14，10：52：16，本人登录时间为 2018. 2. 14，17：17。

选23种非遗技艺,汇聚学者、设计师和非遗手艺人的力量,打造出73种产品,总货量1万余件,①每次专场的销售所得均用于帮扶贫困地区的非遗手艺人。立足公益,以保护弘扬非遗为宣传口号,唯品会进行了强有效的文化品牌建设。

2017年11月1日,唯品会携手中国妇女发展基金会在贵州省织金县正式启动"唯爱·妈妈制造贵州苗族蜡染合作社",以此行动积极响应国家精准扶贫号召,带动更多年轻妇女返乡就业,让蜡染技艺再次美丽绽放。贵州蜡染是国家非物质文化遗产,被称为"东方古老的艺术之花",唯品会此举无疑充满了正能量,既宣传了自己的企业,也帮助了传统技艺的保护和传承。②2018年2月4日,唯品会"非遗万物立春公益专场"在电商扶贫频道"唯爱工坊"正式上线,包括盘绣背包、扎染围巾等在内的上万件非遗技艺时尚单品、工艺体验包和文化传承课程等商品,向数以亿计的消费者正式亮相,通过互联网展示中国文化之美。③专场销售所得皆用于帮扶贫困地区的非遗手艺人。同时,唯品会还与中国妇女发展基金会、北京服装学院、友成企业家扶贫基金会等达成战略合作,共同打造非遗扶贫新经济生态圈。

---

① 消息来自中央人民广播电台。原文标题:《力推"非遗扶贫新经济",唯品会非遗万物立春公益专场正式上线》,http://www.cnr.cn/gd/gdkx/20180204/t20180204_524124004.shtml,发表时间2018.2.4,19∶20∶00,本人登录时间为2018.5.4,17∶17。
② 相关详细资料可参看环球网。原文标题《唯品会弘扬非遗出新招,邀国际大师做蜡染潮款》,http://fashion.huanqiu.com/zxtg/2017-11/11349278.html,发表时间2017.11.1,20∶12∶00,本人登录时间为2018.3.4,06∶16。
③ 消息来自中央人民广播电台。原文标题:《力推"非遗扶贫新经济",唯品会非遗万物立春公益专场正式上线》,http://www.cnr.cn/gd/gdkx/20180204/t20180204_524124004.shtml,发表时间2018.2.4,19∶20∶00,本人登录时间为2018.5.4,17∶19。

图4-4　唯品会与蜡染合作

图4-5　唯品会与盘绣合作

　　除了在产品上下功夫，唯品会还从学术上进行积极探讨。2018年1月23日，唯品会在北京举办"唤醒千年之美"非遗扶贫新经济圆桌论坛暨唯品会非遗万物立春公益专场启动仪式。论坛中，唯品会提出"非遗扶贫新经济"理念，并分享了践行这一理念的"互联网＋非遗＋扶贫"新模式，彰显非遗文化自信并传播非遗的新时代影响力。经过一年多的实践，依托电商扶贫频道"唯爱工坊"，唯品会致力于将非遗现代生活化、时尚商品化、产业可持续化,开创性地将电商精准扶贫使命与非物质文化遗产活化传承目标结合,让非遗走入寻常百姓生活。^① 这是一场"文化＋经济"的双重奏,唯品会的品牌再次成功引起官方关注。

图4-6　唯品会举办"唤醒千年之美"非遗扶贫新经济圆桌论坛^②

　　产品方面,唯品会也是积极创新,2018年5月2日,唯品会与飞亚达签署合作,同时发布了飞亚达"ONE系列"唯爱工坊公益特别款腕表,这款凝聚千年蜡染技艺与时尚之美的腕表,也是唯品会唯爱工坊"唤醒千年之美—非遗万物品牌联合计划"的首个品牌联合开发的非遗时尚产品。这样的产品既有技术基础,又有文化支撑,势必受到消费者的青睐,也能够引起消费者的认同。唯品会的

① 消息来自腾讯财经。原文标题:《"互联网＋非遗＋扶贫"电商新实践:唯品会打造非遗扶贫新经济助力精准脱贫》,https://finance.qq.com/a/20180123/030080.htm,发表时间2018.1.23,本人登录时间为2018.2.4,17:17。

② 图片来自新华网。原文标题:《唯品会打造非遗扶贫,新经济助力精准脱贫》,http://www.xinhuanet.com/tech/2018-01/24/c_1122308556.htm,发表时间2018.1.24,15:23:42,本人登录时间为2018.5.1,17:57。

这种借"认同"架起企业与消费者的关系,必然比"4. 19"的促销来得牢固。倘若在每年的"4. 19"有相应的文化战略助推,唯品会的企业节日当更具备"节日"之意义。

结　语

企业节日：用传统文化精髓培育现代企业文化新路径

2017年初中共中央办公厅、国务院印发的《关于实施中华优秀传统文化传承发展工程的意见》明确指出："各类企业和社会组织要积极参与文化资源的开发、保护与利用，生产丰富多样、社会价值和市场价值相统一、人民喜闻乐见的优质文化产品，扩大中高端文化产品和服务的供给。"目前，企业节日在现代企业参与文化生产、完善文化服务诸方面，逐渐发挥着举足轻重的作用。通过企业节日，一方面可以敏锐地捕捉到消费者的心理欲求，寓乐于"销"，提高消费大众的节日活动参与意识，进而在浓郁热闹的企业节日氛围中实现营销目的；另一方面能够借助企业节日，充分挖掘企业自身文化意涵，结合中华优秀传统文化的价值理念，将经营战略和企业文化有机结合起来，从而在实现企业节日效应持久延续的同时，有效提升现代企业的文化战略，助推消费者认同性消费理念的形成。

毋庸置疑，企业节日是近些年来社会发展与文化变迁进程中出现的新民俗现象，作为一种企业行为，它既与元宵节、端午节、中秋节等传统节日不同，也与情人节、圣诞节、感恩节等西方节日有异，自身具有特性鲜明的节日属性。传统文化对于企业节日有着重要意义。作为直接参与企业节日的两大利益群体，经营者和消费者在这一新现象中不断地借助于传统对现代进行合理阐释，逐渐强化彼此共享的企业节日的传统观念因素，营造良好的心理认同机制，这些才是企业节日的文化传统得以延续、承继的关键所在。

彭兆荣教授曾指出："当然，在此我们也要考虑社会与文化变迁的影响，改变是必然的。在社会结构发生变革的时候，人类世俗的环境可能不再符合文化的既定范畴，则文化范畴也将在实践中被重新评估，在功能上重新界定，从而文化系统本身或多或少地被改变了，但值得注意的是，文化模式与社会结构之间并不是完全整合的"。[①] 一直以来，企业惯于借助传统节日进行营销，显然利用的是消费大众对于传统文化的情感依赖。然而，随着网络媒介和电子商务的迅猛发展，消费者对于传统节日的消费热情已然不同于往昔，现代企业借助于传统节日的营销战略不可避免地趋于式微。企业节日的兴起，适时弥补了传统节日被过度消费的不足，使得企业一改以往节日营销同质化的劣势。现代企业经营者清醒地意识到，以"双十一"、"米粉"节等为代表的企业节日，在大众的消费实践中不自觉地实现了再评估、再界定的文化革新。

尽管如此，作为新民俗的企业节日也要承担起经济发展、社会治理以及文化传承之任，它仍需积极借鉴中国传统文化博大精深的内涵，否则，在今天社会结构发生天翻地覆变化的时代，企业节日就会逐渐沦为"无源之水、无本之木"。现代企业在借助企业节

---

① 彭兆荣等：《边际族群：远离帝国庇佑的客人》，合肥：黄山书社，2006年，第273页。

日进行市场营销时,亟须在吸收传统文化精髓的基础上,巧妙地把传统文化中的优秀元素融合到企业节日之中,找寻企业节日在营销策略中新的突破口,从而真正向消费者传递出乐于接受又能够持久维系的企业节日文化属性。

2013 年底中共中央办公厅印发的《关于培育和践行社会主义核心价值观的意见》强调:"创新民俗文化样式,形成与历史文化传统相承接、与时代发展相一致的新民俗。"由此观之,作为新民俗的企业节日建设,完全符合"培育特色鲜明、气氛浓郁的节日文化"的国家文化战略,与主流文化建设高度一致,换言之,以企业节日为代表的新民俗建设正是新时代文化楔入与融合的体现。然而,企业节日作为一种新民俗,作为民俗文化产业,还没有将重点落实在节日上,没有深入挖掘节日的属性。

现代企业由于深受文化产业丰厚利润的吸引,所以力推企业节日的热情渐成有增无减之势,相应地,消费大众自然也主动参与到企业节日的狂欢热潮之中。企业节日具备有别于传统节日的诸多属性,这些节日属性亦是吸引消费者的重要驱动因素。以"双十一"为例,较之以往的传统节日,消费者如若错失端午节的购物良机,接下来可以在中秋节得偿所愿,前后相差无非三个月时间,加之一年之中传统节日众多,时间周期甚至可能进一步缩短,久而久之就会形成心理惯习;以"双十一"为代表的企业节日则不然,时间多限于每年的特定某天,加之强大的广告宣传效应,足以调动起消费者的消费热情,这种近乎全民性的企业节日参与体验是日渐式微的传统节日所无法比拟的,彰显出新民俗节日的强大属性。

当然,企业节日要求得可持续发展,就需要设法避免传统节日高度雷同的同质化模式,创新以民俗文化为主体的企业文化建设,超越传统经营的"功利目的",真正回归新民俗开发的"创意本体"。

现代企业经营者应当意识到，作为新民俗的企业节日已经展现出强大的活力，而节日信息的及时传播恰恰又是推动民俗文化产业消费市场活跃的重要因素所在。因此，如何进一步完善企业节日信息传播媒介，实现其与广大消费者的有效沟通，凸显民俗文化产业信息交流的优势所在，在为企业生产管理以及市场营销提供宣传路径的同时，满足消费大众的购买之需，发挥企业节日文化结构的多面性、立体化特点，亟须进一步展开研究。

企业节日的根本诉求是让企业节日成为民众集体的节日，让民众产生认同，继而带动消费变为认同性消费，产生的经济是认同性经济。因此，企业节日所带动的经济行为当属新民俗经济范畴，从本质上讲，即可被视作一种认同性经济，所引领的自然也就是认同性消费。恰如田兆元教授所认为的，"当一种民俗物品被民众持之以恒地喜爱，这就形成了一种强烈的认同，这种认同产生的生产与消费是民俗经济的显著特征，而这种认同性是在长期的历史传承过程中形成的，大多有百年的历史，因此形成了如康芒斯所说的促进市场形成的习俗。"①然而，仅仅寄希望于企业节日成为消费者集体的节日还远远不够，促使民众对这种新兴的民俗传统以及精神享用产生心理认同感，才是民俗文化产业向前发展的目的所在，如此方能促进现代民俗经济原创能力的恢复。

与传统节日不同，像端午精神的灌注和传递，离不开作为载体的端午节俗，企业节日作为一种新民俗，其形成发展的内驱力依然有赖于民俗文化产业自身所具有的惯习性认同，只是企业节日更加需要仰赖这种认同观念的不断积累。企业节日所带动的民俗经济是一种认同性经济，不仅涉及现代民俗文化产业中的经济活动

---

① 田兆元：《经济民俗学：探索认同性经济的轨迹——兼论非遗生产性保护的本质属性》，载《华东师范大学学报》（哲学社会科学版）2014 年第 2 期。

以及文化认同,还涉及民俗经济资源的深度挖掘与整合,甚至是民俗经济与市场拓展、社会治理的相互关系等,这种认同性都将在今后的经营与消费实践中得到进一步深化。

消费者对于企业节日认同观念的形成,离不开民俗消费心理,这正是民俗文化产业不断发展进步的基本前提。诸如"双十一"这一活力十足的典型性企业节日,每年之所以能够吸引消费者的广泛关注,成为一场近乎全民参与的购物狂欢节,就在于阿里巴巴紧紧抓住了消费大众在更加集中的时空范围中追求快捷便利、物美价廉的心理需求,将以往借助传统节日等进行营销的目标消费群体成功转移到自身企业的营销战略之下。因此,企业节日所带动的认同性消费,合乎民俗消费的基本属性,对于现代民俗产业新品牌的构建、新市场的培育,无疑都具有重要的启发作用。

现代企业为了不断增强竞争力,必然选择围绕企业文化塑造来制定战略,也就是通称的企业文化战略。将企业节日建设作为企业的文化战略来考量,其根本目的在于通过企业文化建设,提升企业品牌影响力,培育企业自身科学的价值观体系以及经营哲学,从而使得企业获取丰厚利润,在激烈的市场竞争中立于不败之地。时至今日,企业节日所拥有的独特优势正在日益彰显,民俗文化产业所带动的认同性经济呈现出方兴未艾的良好态势,基于此,现代企业理应将企业节日提升到文化战略层面进行重点考量。

人类的一切活动都起源于符号,经济活动自然也不例外,文化符号成为现代企业文化的根基所在,而企业节日作为一种新的文化符号,正在引领"符号经济"的新潮流。英国思想家斯科拉·拉什和西莉亚·卢瑞甚至断言:"随着全球化的到来,文化彻底成为工业。"①可见,

---

① 〔英〕斯科拉·拉什、〔英〕西莉亚·卢瑞:《全球文化工业:物的媒介化》,要新乐译,北京:社会科学文献出版社,2010年,第283页。

在商品社会追求消费、文化符号深受重视的今天，在后现代社会的经济新兴增长面前，全新的经济模式将促使现代企业不断实现从实物资产向知识资产的转型。企业节日维系长久与否，某种程度上会影响到现代企业品牌经营战略的成败，这方面的案例不胜枚举。

苹果公司主打的"苹果"系列产品，在国内外通讯终端市场上能够占据优势地位，拥有巨大的市场魅力，其所凭借的正是一种有别于肯德基、麦当劳、可口可乐的文化新符号。与之相类似的是，阿里巴巴、小米、乐视等现代企业着力打造的企业节日，正在一次次掀起认同性消费热潮，它们所倚靠的则是不同于元宵节、端午节、中秋节等传统节日的新民俗符号。当然，如果现代企业经营意识落后死板，不能够及时有效地利用这些文化符号优势，就势必会错失良好的发展机遇。

在浙江绍兴，女儿出嫁惯有黄酒陪嫁习俗，常以"女儿红"冠名。上虞越泉酒厂受此启发，曾于1987年向国家商标局提出注册申请，然而这遭到了包括咸亨酒厂在内多家酒厂的反对，理由在于"女儿红"是绍兴黄酒约定俗成的通用称呼，不能为某一家酒厂所独享。正当两地酒厂为"女儿红"的归属争执不休之时，日本商人却先下手于1991年11月14日在日本成功注册"女儿红"商标。自此以后，中国生产的"女儿红"却不得不深受日本商人左右，最终也痛失了"女儿红"这个商机无限的民俗文化符号。① 作为民俗文化符号的"女儿红"商标被抢注的教训不可谓不深刻，这就给现代企业的企业节日建设提供了有益借鉴。

结构主义理论认为，"标定差异"是文化符号最为重要的一个

---

① 参见何学威：《民俗文化产业与振兴民族经济》，载《中南工业大学学报》(社会科学版)2000年第2期。

功能,该功能在消费社会里恰恰能够成为激发欲望的法宝,毕竟所有的文化符号都是经由差异来实现价值获取的。企业节日成为现代民俗文化产业中举足轻重的一种文化软实力,其背后当是文化资本的竞争,现代企业中不断衍生的文化符号,正在通过广播、电视、互联网等现代媒体,主宰着大众的消费观念与行为。如今,处于消费社会的现代企业也正是借助于多种多样的营销手段,为自身带来了更大的竞争优势与巨额利润,同样,消费者在企业节日中进行认同性消费也是完成这种符号价值的建构过程。

企业节日消费直接加快了文化资本的形成,而这种文化资本带来的除了经济上的显著优势以外,更多的是促使着一种意识形态的构成,而在当今消费社会中对民俗文化符号的信仰建构,催生出消费者理性抑或非理性的消费迷狂。现代企业需要洞悉传统文化对于企业节日持久维系的重要意义,吸收借鉴以往借助于中国传统节日进行市场营销的经验与教训,充分利用传统文化精髓来找寻培育现代企业文化的新路径。

企业节日作为一种与历史文化传统相承接,又与时代发展相一致的新民俗,不失为新节庆的代表。在这样的新节庆建构途径探索中,有效促进了民俗经济的产生,也为民俗文化深度发展的路径创新提供了重要参照,能够为民俗文化的经济创新提供更为丰富的渠道,同时有助于开拓民俗服务社会的多元模式。还应注意到,企业节日渐渐会成为消费大众的集体节日,消费者在企业节日购物狂欢中的认同观念趋向一致,因而有效地带动着认同性经济的发展。此外,将企业节日建设上升到企业文化战略的高度,是所有现代企业赢得竞争优势不可或缺的战略管理内容,其所体现出的不只是现代企业自身秉持的精神理念,更是企业长期生存与长远发展的战略选择。

附录 1 调查问卷

为了解社会对于企业节日的认知度以及企业节日的重要性,特开展此次调查。本次调查数据仅作为学术研究使用,无任何商业目的,希望您能抽出几分钟的时间,如实填写,调查人会依据《中华人民共和国统计法》对您填写的资料保密,谢谢您的合作。

1. 您的性别:

男(　　　);女(　　　)

2. 您的年龄段:

20 岁以下(　　　);20—30 岁(　　　);30—40 岁(　　　);40—50 岁(　　　);50—60 岁(　　　);60 岁以上(　　　)

3. 您的职业:

学生(　　　);政府机关、事业单位工作人员(　　　);企业工作人员(　　　);个体工商自由职业者(　　　);其他(　　　)

4. 您的消费习惯:

网购(　　　);实体店购(　　　)

5. 您对企业节日了解吗?

非常了解(　　　);了解(　　　);不太了解(　　　);不了解(　　　)

6. 您觉得企业是否应该有自己的节日？

应该(　　)；不应该(　　)；可有可无(　　)

7. 您觉得企业精神和企业文化是否重要？

非常重要(　　)；重要(　　)；不太重要(　　)；不重要
(　　)

8. 您在"双十一"网购过吗？

有(　　)；没有(　　)

9. 您参加过网络上宣传的"双十一"哪些活动？（可多选）

抢购(　　)；脱单 party(　　)；

拜马云(　　)；提前将商品加入购物车(　　)；

都没参加过(　　)

10. 您使用过小米手机吗？

有(　　)；没有(　　)

11. 您知道"米粉"节吗？

知道(　　)；不知道(　　)

12. 您在"米粉"节当天抢购过手机吗？

有(　　)；没有(　　)

13. 您对"双十一"、"米粉"节这样的企业节日有怎样的期待？
（请以简要文字作答）

问卷浏览量

255

问卷实时访问量

问卷回收量

110

问卷实时回收量

回收率

43%

平均完成时间

2分**13**秒

问卷浏览及回收情况

问卷回收量

回收量：110

问卷日回收情况

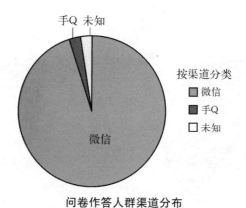

问卷作答人群渠道分布

TOP 8	
江苏省	41
上海市	30
新疆	10
未知	6
河南省	5
天津市	3
陕西省	2
河北省	1

问卷作答人群地域分布

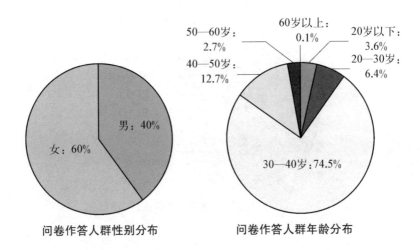

问卷作答人群性别分布

问卷作答人群年龄分布

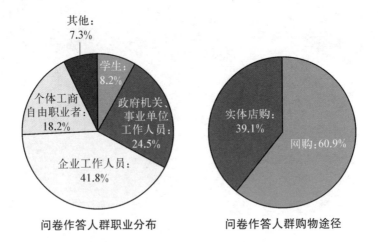

问卷作答人群职业分布

问卷作答人群购物途径

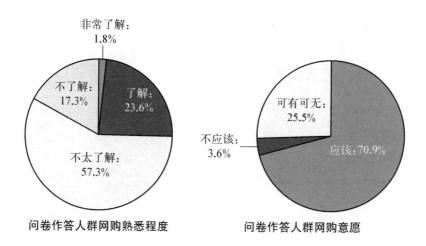

问卷作答人群网购熟悉程度　　　　　　问卷作答人群网购意愿

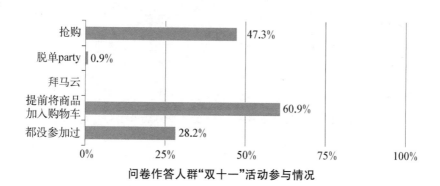

问卷作答人群"双十一"活动参与情况

附录 2　相关企业节日历年活动

阿里巴巴"双十一"历年活动

"双十一"购物狂欢节,是指每年 11 月 11 日的网络促销日,源于淘宝商城(天猫)2009 年 11 月 11 日举办的网络促销活动,当时参与的商家数量和促销力度有限,但营业额远超预想的效果,于是 11 月 11 日成为天猫举办大规模促销活动的固定日期。

2009 年
第一届"双十一",参与品牌 27 家,销售额 0.5 亿元。

2010 年
第二届"双十一",参与店铺 711 家,销售额 9.36 亿元。

2011 年
第三届"双十一",参与店铺 2 200 家,销售额 52 亿元(天猫和淘宝)。

2012 年

第四届"双十一",参与服务的从业者(包括商家、快递业、支付行业、第三方服务业、电商平台)达百万。销售额达到 191 亿元(天猫和淘宝)。

2013 年

第五届"双十一",销售额 352 亿元。

2014 年

第六届"双十一",销售额 571 亿元。

2015 年

第七届"双十一",销售额 912 亿元,无线端占比 68％。全球已成交国家/地区 232 个。"天猫 2015'双 11'狂欢夜"于 2015 年 11 月 10 日 20 点 30 分在北京"水立方"隆重举办,由天猫和湖南卫视联手,湖南卫视、优酷土豆网和芒果 TV 向全球消费者互动直播,冯小刚任总导演。冯小刚表示:"双 11 很有可能形成全球性的节日,春节是老祖宗传下来的,一百年之后,孩子们会说'双 11'是老祖宗传下来的,我们在座的都是'双 11'节日的老祖宗。"[①]晚会参加嘉宾有陈奕迅、蔡依林、张靓颖、亚洲舞王"RAIN"等天王天后及新晋男神王凯、韩国人气组合 CNBLUE、人气少年偶像组合 TFBOYS。

---

① 消息来自搜狐资讯。原文标题:《湖南卫视天猫"双 11"晚会在线直播,湖南卫视"2015 双 11 狂"》,http://roll.sohu.com/20151105/n425417037.shtml,发表时间 2015.11.5,19:52,本人登录时间为 2017.4.13,11:23。

2016 年

第八届"双十一"，销售额 1 207 亿元，15 个小时天猫销售额达到 2015 年 912 亿元的销售总额，线上占比为 82%。"2016 天猫'双 11'狂欢夜"于 2016 年 11 月 10 日晚上在深圳大运中心体育馆隆重举办，由天猫和浙江卫视联手，浙江卫视、优酷直播、天猫魔盒平台现场直播。晚会参加嘉宾有科比·布莱恩特、贝克汉姆夫妇、斯嘉丽·约翰逊、One Republic、李宇春、林志玲、邓紫棋、TFboys、薛之谦、大张伟、王祖蓝和李亚男等。大卫·希尔任总导演。相较于 2015 年的晚会，"天猫 2016'双 11'狂欢夜"总策划、阿里巴巴旗下创新娱乐版块阿里鱼的总经理应宏表示，2016 年的晚会将会向"节日化"迈进，拿出最牛的节目创意、最火的全球明星、最酷的互动创新，以此打造成超级 IP。[①]

2017 年

第九届"双十一"，销售额 1 682 亿。全球 225 个国家和地区加入 2017 天猫"双十一"全球狂欢节。"2017 天猫'双十一'晚会"于 2017 年 11 月 10 日在上海梅赛德斯奔驰文化中心隆重举办，由天猫和浙江卫视再度联手，现场直播的天猫"双 11"狂欢派成为全国卫视第一热点，拿下收视率冠军。晚会参加嘉宾有范冰冰、章子怡、妮可·基德曼、李宇春、刘涛、吴亦凡、莫文蔚、张杰、林更新、杰西·J、郑恺、迪玛希、关晓彤、王嘉尔、卢靖姗、吴秀波、郎朗、大张伟等。本届晚会发布主题曲《祝你"双十一"快乐》，由伯克利大学清唱团 Calculasian 和阿里巴巴员工合作演唱。2017 年 11 月 10

[①] 消息来自网易娱乐。原文标题：《回家了！浙江卫视携手天猫举办"2016 双 11 晚会"》，http：//ent. 163. com/16/0817/09/BULMNRSG0003501E. html，发表时间 2016. 8. 17，9：37：50，本人登录时间为 2017. 1. 13，14：29。

日,《功守道》在 2017 年"双十一"晚会上放出近 8 分钟的精华版视频;2017 年 11 月 11 日放出 20 分钟成片;2017 年 11 月 15 日举行第一场"功守道"赛事。

小米科技"米粉"节历年活动

小米公司是在 2010 年 4 月 6 日成立的。为了感谢"米粉"们对小米公司的支持与陪伴,回馈一路支持的粉丝,每年都会在这一天举办粉丝的盛大狂欢,进行对"米粉"的答谢活动,所以把这一天命名为"米粉"节。

2012 年

4 月 6 日,小米在 798 的 D－park 举办第一届"米粉"节。小米创始人兼 CEO 雷军在送给"米粉"的贺卡上写道:"小米的哲学就是'米粉'的哲学"。在"米粉"节上,雷军还公布了几大回馈活动:第六轮 10 万台公开购买;所有配件全场六折,让利 3 000 万元;和电信推出电信合约机,带来极优惠的套餐。在这些狂热的粉丝的支持下,小米当日创造了 6 分多钟销售完 10 万台手机的纪录。①

2013 年

4 月 9 日,小米公司在国家会议中心主持第二届"米粉"节。在发布会上,小米公司发布了全新设计的 MIUI V5 正式版,小米

---

① 消息来自太平洋电脑网。原文标题:《6 分 5 秒 10 万台小米手机"米粉"节瞬间售罄》,http://mobile.pconline.com.cn/dclub/1204/2736784.html,发表时间 2012.4.6,16:13:39,本人登录时间为 2017.12.23,14:43。

手机 2 的两个新版本 2S 和 2A，以及小米盒子。在现场发布的三款硬件中，小米手机 2S 于当晚（4 月 9 日）8 点在小米官方网站放量销售 20 万台，小米盒子放量 5 万台，小米手机 2A 则在三周后上市。

2014 年

4 月 6 日，小米科技没有举行线下发布会，却成就了小米公司史上最大的一次销售活动。4 月 8 日晚间，小米官方公布了销售数据：在历时 12 小时的活动中，小米官网共接受订单 226 万单，12 小时售出 130 万部手机（含港台地区及新加坡 10 万台），销售额超过 15 亿元，配件销售额超 1 亿元，当天发货订单 20 万单，共 1 500 万人参与"米粉"节活动。[①]

2015 年

小米科技于北京时间 3 月 31 日下午举办"米粉"节发布会，有 55 英寸小米电视 3 等一系列新品发布，同时小米还会推出针对"米粉"的个性服务。截至 4 月 8 日 22 时，小米宣布已经支付的总订单金额突破了 20 亿元，手机销量为 204 万台。这一数字已经超过了去年天猫"双 11"全天 189.4 万台的纪录。[②] 1 460 万人疯狂 12 小时：总销售额 20.8 亿元，手机销量 212 万台，订单总数 305 万单！全面刷新纪录：售出智能硬件 77 万台，配件销售 1.9 亿

---

① 消息来自新浪科技。原文标题：《小米欲破供货之困"米粉"节 12 小时售 130 万部手机》，http：//tech. sina. com. cn/i/2014 - 04 - 09/03289306350. shtml，发表时间 2014.4.9，03：28，本人登录时间为 2018.1.13，15：23。
② 消息来自网易数码。原文标题：《总结小米 2015"米粉"节：全球电商史的一个奇迹》，http：//digi. 163. com/15/0409/07/AMO9NTUE00162OUT. html，发表时间 2015.4.9，7：11：59，本人登录时间为 2018.1.13，15：23。

元,当天 12 小时发货 50 万单,移动端支付占比 43.6%。

2016 年

3 月 31 日—4 月 6 日。小米科技发出"'米粉'节狂欢周"口号,首卖新品小米 5 尊享版、小米电视 3S 65 英寸曲面屏、小米电视 3S 48 英寸、红米 3 高配版、米家压力 IH 电饭煲、小米净水器厨下式、小米路由器 3 等产品,这些新品都受到米粉的热烈追捧,在开售当日就被一抢而空。小米 2016 年"米粉"节战术是多店同时销售(小米商城、苏宁、京东、天猫)。同时,小米科技还推出了"动动手指,逢 6 中奖"游戏。本次"米粉"节的销售金额超 18.7 亿元,[①]累计吸引线上参与人数 4 683 万人,游戏参与次数 10.2 亿次。

2017 年

4 月 6 日—4 月 9 日。本次"米粉"节打出"'米粉'节,不只是 5 折"的宣传主题预热,主要内容包括 5 折限量秒杀、手机最高减 200 元、12 大新品售卖、电视新品特惠、智能产品特价等,采取线上电商狂欢,线下百店同庆。根据官方数据,此次"米粉"节,线上参与人数超 5 740 万人,总销售额突破 13.6 亿元,超越去年小米天猫"双 11"销售额。与此同时,线下小米之家 68 家门店同庆,销售总金额突破 7 500 万元,累计客流超 50 万人次。其中刚刚在北京世贸天阶开业的小米之家客流量超过了 24 000 人,创下了"小米之

---

① 消息来自新华网。原文标题:《小米"米粉"节销售金额超 18.7 亿》,http://www.
xinhuanet. com/info/2016 - 04/07/c _ 135258819. html,发 表 时 间 2016.4.7,
18:09:50,本人登录时间为 2018. 1. 13,15:23。

家"单店客流新纪录。① 即便如此，销售额相比 2016 年下降了 30％。

2018 年

4 月 3 日—4 月 10 日。小米成立 8 周年，除了一大波新品首卖，还有多款科技好物特惠。"一面科技，一面艺术"的小米 MIX 2S、小米米家智能后视镜等产品在 4 月 3 日"米粉"节首卖。本次"米粉"节还开启邀请函后点击"'米粉'节邀请函"按钮，即可参与抽奖。8 年"米粉"享特权，有机会赢小爱音箱 mini、智能配件优惠券等奖品。

京东 6.18 历年活动

每年 6 月是京东的店庆月，每年 6 月 18 日是京东店庆日。② 在店庆月京东都会推出一系列的大型促销活动，以"火红六月"为宣传点，其中 6 月 18 日是京东促销力度最大的一天，一度将京东 6.18 促成与"双 11"遥相呼应的又一大全民网购狂欢节。③ 根据最新发布的《中国电商大促新趋势报告》，6 月和 11 月是全年两个订单高峰，中国零售已经形成了 6.18 和 11.11 双峰鼎立的格局。不

---

① 消息来自中关村科技园区海淀园管理委员会。原文标题：《2017 年小米"米粉"节完美收官 总销售额破 13.6 亿元》，http：//hdy. bjhd. gov. cn/yqdt2014/xyqyw/ 201704/t20170413_1362745. htm，发表时间 2017.4.13，本人登录时间为 2018.1. 13，16：17。

② 京东 6.18 店庆作为一个大规模促销的节日，有文字可查的时间点可追溯至 2009 年。

③ 消息来自比特网。原文标题：《2012 年第二季度国内电商发展大事记盘点》， http：//soft. chinabyte. com/229/12371729. shtml，发表时间 2012.7.5，09：02：00， 本人登录时间为 2018.1.13，16：23。

过这两大节日又有所区别,消费者在 6.18 期间最关注的是品质、品牌和价格;而在"双 11"期间则更关注价格、物流、售后服务。

2010 年

京东 6.18 的主题是"玩游戏,得令牌",本次节日的主打就是让利促销,其中以会员专场为特色,如企业用户专场、校园用户专场、各级别会员专场等。

2011 年

京东 6.18 的主题是"京东 6.18,疯抢红六月",活动时间涵盖整个六月,7×24 小时促销不间断,"6.18 巅峰疯狂 18 小时"。让利促销涵盖了各类商品,数量高达数百万件,其中图书类的商品实行 18 小时限时促销。这一年的促销活动堪称史上力度最大,京东亦称本次属"史上最大力度疯狂满减"。

2012 年

6.18 依旧以让利促销为主题词,同时以"618"这一数字形成价格标签,如大家电满千元返 618 元、小家电满百返 61.8 元。

2013 年

本次 6.18,京东集合万余家品牌及店铺,参与店庆月活动,节日的时间拉长。节日的主题依旧是把优惠带给消费者,进行促销。

2014 年

京东 6.18 的主题是"购物大趴·全品省不停"。本次 6.18,京东来自移动端的下单量占总体比例约四分之一,但对于总体销售额订单数京东方面并未公布。

2015 年

　　京东 6.18 活动从 5 月 25 日开始至 6 月 20 日，持续将近一个月。本次 6.18，京东为了让节日氛围更加浓烈，以人群为单位，推出各类主题趴，将整个活动在时间轴上分为：6.18 玩购趴、图书宝贝趴、智能科技趴、温馨家庭趴、时尚格调趴、理财生活趴、潮流电子趴、老刘专场等。多元化的主题，形式上更加吸引人。2015 年京东未公布销售额。

2016 年

　　本次 6.18 的时间从 6 月 1 日起，6 月 1 日—6 月 18 日"大促"期间，京东累计订单量过亿，6 月 18 日当天下单量同比增长 60％，移动端下单量占比高达 85％，是 2015 年同期的 2.2 倍。[①]

2017 年

　　截至 2017 年 6 月 18 日 24 点，京东 6.18 全民年中购物节累计下单金额达到 1 199 亿元。[②] 6 月 18 日当天京东每小时将狂撒 61.8 万现金红包。今年 6.18 京东首次采用机器人和无人机配送。

---

① 相关数据来自中国时尚品牌网。原文标题《6.18 销售额排行榜 京东 6.18 全国及各事业部最终战绩出炉》，http：//www. chinasspp. com/News/Detail/2016 - 6 - 20/345078. htm，发表时间 2016. 6. 20，09：21，本人登录时间为 2018. 2. 10，13：05。
② 消息来自搜狐科技。原文标题：《2017 年京东 6.18 最终数据报告，真吓人》，http：//www. sohu. com/a/150146418_406014，发表时间 2017. 6. 19，15：00，本人登录时间为 2018. 2. 10，12：09。

乐视 9.19 乐迷节历年活动

2012年9月19日起,乐视开启了颠覆传统电视行业的篇章,宣布正式进军电视机市场,推出乐视 TV 超级电视,乐视成为全球首家拥有自有品牌电视机的互联网公司。乐视生态系统也初露端倪。乐视为了纪念这个特殊的日子,特将9月19日定为"乐迷"的节日,简称 9.19"乐迷"节。乐视旗下产品的爱好者被称为"乐迷"。

2014 年

2014年9月19日,乐视举办主题为"怒砸一亿"的促销活动。在9月19日活动当天举办七大活动,包括发售超过10万台乐视 TV 超级电视,赠送 S40 Air 1 500 台;1万台神秘纪念版免预约现货购买;乐视商城全场配件五折起,用券再享折上折,四场秒杀只需 9.19 元;乐视商城配件五折起等。[①] 当天所做促销加上其他赠送、折扣等活动,共让利 1 亿元。

2015 年

2015年9.19"乐迷"节主题为"黑色9.19 红色'乐迷'节",9月19日10点至22点,乐视超级电视和乐视超级手机全渠道直降500元。乐视商城备货超级电视15万台、超级手机备货30万台,

---

① 消息来自快科技。原文标题:《乐视 TV 狂送1亿元,打造史上最疯狂"乐迷"节》,http://news.mydrivers.com/1/320/320353.htm,发表时间 2014.09.10,17:36,本人登录时间为 2018.2.14,18:09。

全天现货开放购买。2015 年的"乐迷"节,乐视共计 5 亿元倾情回馈"乐迷"。销售额方面,2015 年 9.19"乐迷"节当天,在正式开卖一分钟内,限量 100 台的全新乐视超级手机乐 Max 蓝宝石版就售罄。截至 9 月 19 日 24 点,乐视超级电视总销量破 35.5 万台,超级手机破 57.2 万部,智能硬件破 110 万件,销售额超 17 亿元。[①]

2016 年

"9.19 乐迷电商节"从 9 月 1 日至 9 月 19 日持续 19 天。9 月 19 日当天,活动开始仅仅 15 分钟,全平台销售额就达到 13.6 亿元,其中乐视会员贡献了超过 8.5 亿元,占销售总额的 60% 以上。产品方面,乐视电视销量 30.2 万台,超过了今年 6.18 全天全平台的总销量;乐视手机销量 20.4 万台,乐视与酷派合作的 cool1dual 生态手机销量 10.98 万台。[②]

① 数据统计来自凤凰资讯。原文标题:《乐视开启 9.19 销售超 17 亿》,http://news.ifeng.com/a/20150921/44696437_0.shtml,发表时间 2015.9.21,01:31,本人登录时间为 2018.2.14,18:39。
② 数据统计来自中商情报网。原文标题:《2016 乐视黑色 9.19 乐迷电商节战报:仅 15 分钟全平台销售额 13.6 亿元》,http://www.askci.com/news/hlw/20160919/11105263181.shtml,发表时间 2016.9.19,11:10,本人登录时间为 2018.2.14,18:51。

附录3 "双十一"在海外的影响

"政治和宗教可能导致物以类聚,但人人都爱好销售量。"在中国迎来第七个"双11"购物狂欢节之际,美国《巴伦周刊》发出了这样的感叹。去年这一天,阿里巴巴集团在24小时内获得超过93亿美元的商品交易额,而今年的销售额估计将突破100亿美元,超过欧洲国家斯洛伐克去年一年的GDP总量。与去年相比,今年的"双11"不仅多了京东和天猫购物狂欢晚会的PK,而且是有史以来最"全球化"的一个"双11":美国的梅西百货、德国的麦德龙、英国第三大超市塞恩斯伯里等都赶在今年"双11"之前登录中国电商平台,韩国人打出"不能放过23兆韩元(1元人民币合182韩元)中国海淘市场"的口号,而俄罗斯人预计将以高出平日近20倍的网购量成为"双11"期间异军突起的海外剁手党!"7年前设立这个节日的时候并没有想太多",阿里巴巴公关部的潘红英10日对《环球时报》说,"没想到经过这几年发展,'双11'已经成为中国消费经济下半年的一个亮点。"

"1亿中国人在网购"

一款坚果卖出14万罐、一款鲜牛奶100万盒备货售罄……"双11"购物狂欢的热浪扑面而来,大数据显示,一些品牌商品节前的预售量已超过去年"双11"的销售量。

2015年"双11"于零时准时开锣。第18秒，交易额就超1亿元！第一分钟，天猫成交额停在了7.94亿元！1分12秒，销售额破10亿元！12分28秒破了100亿元！截至发稿时，奶粉稳占销售额榜首。

香港《南华早报》10日报道称，电视、报刊和街道上狂轰滥炸的广告让人很难忽视"双11"的到来。今年阿里巴巴在11日零时举行敲钟仪式，地点选在北京国家游泳中心（水立方），并举行一天的全球狂欢节活动。潘红英对《环球时报》说："我们今年突出娱乐化，办成类似春节晚会的节目，以体现大众的消费需求。"作为阿里巴巴竞争对手的京东商城也在10日举行大型竞歌晚会，对抗天猫与湖南卫视合作播出的"双11狂欢夜"晚会。

"黄色橡皮鸭、多汁的猕猴桃、时尚的智能手机、完整的预制房屋……没有什么不能在中国用鼠标点击订购的。'双11光棍节'更是中国电子商务的狂欢节日。"德国《欧元》杂志10日称，依赖全球最多的网购消费群体，中国网购商取得世界领先地位并将获得持续发展。到2020年，阿里巴巴的网络年销售额"可能将达到1万亿美元"。

《巴伦周刊》称，"双11"期间（11日至16日），中国物流行业处理的邮件、快递业务量将超过7.6亿件，比去年增加30%。德国股东网10日说，93亿美元的销售额是一些西方网购商一年的业绩，而对阿里巴巴来说，这是一天的业绩。"忘记黑色星期五和网络星期一吧，'光棍节'有1亿中国人在网购"，英国《卫报》10日报道称，周三中国将出动由170万人和数十万辆车组成的快递大军，他们的任务是派发当天24小时内网购者订下的7.6亿个包裹，"这是世界最大的在线购物节"。

　　"为什么美国错过这场有趣的盛会?"美国"媒体邮报"网站报道称,相比中国的狂欢节盛宴,美国的在线销售活动呆板而沉闷。美国在线商店调研公司预计中国今年的"双 11"销售额将突破 100 亿美元。法国巴黎银行称,今年"双 11"24 小时销售额"或将顶住中国经济减速的阻力",超越去年的纪录。

今年"双 11"主打"全球化"

　　"英国百年超市塞恩斯伯里将在天猫半价销售苏格兰燕麦粥等产品。荷兰连锁杂货店 Ahold 则将在天猫半价推销婴儿湿纸巾与蜂蜜华夫饼。"美国彭博社 10 日这样预报。

　　印度《经济时报》称,今年的"双 11"主打"全球化",LG 电子、费雪、乐高、好市多等都是参与亮相的国外品牌。今年,土耳其大型糕点厂商 KARSA 是第二次参加"双 11"。2014 年"双 11"时,KARSA 单日销售 20 万块蛋糕,KARSA 的中国销售负责人称:"今年最少完成去年 1.5 倍的销售额。"美国肉类出口协会亚太区副总裁 10 月中旬到阿里巴巴总部考察,表示"不能眼睁睁看着商机溜走"。尽管目前由于关税等问题,美国无法向中国出口牛肉,但他们计划先在"双 11"销售美国猪肉,探索可能的商业模式。

　　"很多零售品牌已把'双 11'作为打入中国市场的一次绝佳机遇",美国《财富》杂志称,马云计划今年引入 5 000 家来自欧美、亚太等地的品牌入驻天猫,同时,阿里巴巴也会把中国产品推销给 64 个国家和地区的消费者。

　　德国《法兰克福汇报》称,连德甲拜仁慕尼黑俱乐部也与阿里巴巴签订合作协议。俱乐部首席执行官鲁梅尼格表示,拜仁慕尼黑在中国有 9 000 万球迷,如果有 1% 的粉丝买拜仁的球衫,就将使拜仁球衫销售数量约翻一倍，而"双 11"是一个很好的促销机会。

中国电商平台上的韩国网店早早地备足"粮草"，迎战"双11"。据韩国《中央日报》报道，韩国乐天百货店从 10 日开始三天在其网上商店展开化妆品、服饰、运动商品等的促销，最低折扣达2 折，准备商品总值达 150 亿韩元。不少韩国商品也选择在近日入驻中国的购物网站，希望沾沾"双 11"的喜气。

阿里巴巴高层上月透露，今年"双 11"将有来自世界各地的 4万家商户参加，超过去年的约 2.7 万家。

不光国外零售商将目光转向中国，喜欢"made in China"的外国网友也瞄准了"双 11"。"中国网店在等待俄罗斯人"，俄《消息报》10 日称，中国"双 11""光棍节"来临之际，俄罗斯人购买需求将增长近 20 倍。去年的"光棍节"，俄罗斯人从中国网店购物比平时就增长了 12 倍。而在俄罗斯流行的有中国京东和阿里巴巴全球速卖通等 40 多家大中型网店。据俄《生意人报》报道，中国网店中货物折扣较大，因此吸引了许多俄罗斯消费者。今年上半年俄罗斯人从国外订购达 2 亿单，其中一半来自中国，中国网店在俄的销售额已超过西方。

网络成为中国经济转型新阵地

阿里巴巴在"双 11"前夕用大数据勾勒了一幅"新消费群体"画像：在淘宝天猫月均消费超过 4 000 元的用户已达 800 万人，比去年翻了一倍，旅行、运动、科技、文化类产品是这个群体的消费重点，网购的低端印象正日渐改观。

据报道，今年海外学区房将首次加入"双 11"战局，北京异乡好居网络科技有限公司称，已与美国、英国、加拿大、澳大利亚等国的多家地产商和房产中介签订合作协议,"双11"将在线上进行购房券的拍卖,海外留学生有可能以1元的价格拍到价值千元的租房券。

"坦白地说,以'双11'为代表的网购平台的发展速度已经超出了我们的想象。"北京大学中国国民经济核算与经济增长研究中心研究员蔡志洲10日对《环球时报》说,网购的迅猛发展对中国经济产生了很多正面影响。首先,科技的发展提高了市场效率,使得市场竞争更加充分,商品价格透明而且易于比较,购买变得空前便捷,使消费者最直接地享受到更大福利。其次,网购导致社会分工的增加,促进整个服务业的发展,创造了就业机会,"几年前谁会想到一下楼就能看见五六辆快递公司的小车停在门口!"蔡志洲表示,当然网购对传统业态的冲击也很明显,典型的例子是中关村电子一条街的衰落。

德国新闻电视台10日评论称,近一年来,中国经济增长速度放缓,国际社会屡表担心,"双11"也成为检验中国经济的一个指标。不过,从现在的节日气氛看,"双11"很可能创造新纪录,事实证明,网络经济是中国政府的支持重点,也是中国经济转型的新阵地。

"网络经济将全方位高速度地渗透我们的生活,就像上世纪80年代初,电脑从实验室进入普通百姓家,改变人们的生活,如果不学习不接受,这个世界可能变化得让你不认识。"北京大学经济学院教授曹和平10日对《环球时报》说,"'双11'对中国经济贡献很大,它是一种新的企业与市场结合的方式。'双11'本来只是一个数字有趣的日子,现在成为影响当代人行为的路径。'双11'的规模已经超过圣诞节,如果加入中国文化价值元素,它也许会超过春节。"

假货诉讼阴影挥之不去

就在"双11"盛宴开启的前一天，英国《金融时报》、路透社等多家境外媒体以大篇幅报道淘宝的假货问题，给购物狂欢节泼冷水。报道称，今年5月开云集团旗下古驰、圣罗兰等多个奢侈品品牌在美国纽约曼哈顿联邦法院对阿里巴巴提出诉讼，指控阿里巴巴为造假者"提供网上平台广告，以及其他所需要的必要服务"。据《福布斯》报道，阿里巴巴创始人马云拒绝与这些公司和解，表示"宁可输掉这场官司，宁可赔钱"，"但我们会赢得尊严和尊重"。

《福布斯》在报道中将马云比作《天方夜谭》中的阿里巴巴，称"在假货问题上，马云也面临贪婪的兄弟、忠诚的女仆以及愤怒的盗贼——卖家和公司内部的欺诈丑闻、全球最大的打假团队，以及外国品牌的诉讼官司"。

蔡志洲对《环球时报》说，假货仍是中国电商的软肋。不排除有一部分商家利用"双11"降价搞噱头，其实在网购天天进行的时代，市场竞争很充分，平时在网上销售的手机、电脑等利润都已经很薄了，哪里能给"双11"降价留下多少空间。所以"双11"的最大意义可能还不是降价，而是利用这个机会吸引国际更多商家重视我们的市场。

有趣的是，近日在日本可共同使用T积分卡的全家便利店、日本雅虎、软银等几家大公司联合发布消息，把11月11日定为"良好购物之日"，为顾客提供各种大规模的让利和促销活动，比如出售1 111日元的手机、酒店住宿一晚1 111日元、1 111日元自助餐等。他们没有说明这个创意是否受到中国"双11"的影响。[1]

---

[1] 消息源自《环球时报》第3751期，2015年11月11日，标题为《欧美大品牌抢着开网店，俄国海淘族争当剁手党》。

附录4　金山农民画产业化案例

近日,有朋友在微信朋友圈里晒出一张"限量版 iPhone 手机壳"的美图,这个手机壳上的图案确实特别——竟然是金山农民画。

上周,在金山农民画院的展示厅里,记者就看到了这一套四款 iPhone 手机壳,这是金山农民画院"出品"的创意农民画衍生产品,利用国外先进的水印技术,农民画被栩栩如生地复制到了 iPhone 手机壳上。除了手机壳,记者还看到了 U 盘、交通卡、丝巾等百余款各式各样的农民画衍生产品,美观、实用又有创意,让不少第一次接触金山农民画的人就被深深吸引。据说,iPhone 手机壳推出以后尤其受到年轻人的喜爱。

金山农民画院院长奚吉平告诉记者:"我们之所以推出类似 iPhone 手机壳这样的产品,主要是想让有历史沉淀的农民画与当下的潮流'亲密互动'。"事实上,金山农民画这一极具特色的民间艺术形式,在艺术与产业的"互动"间已经绘出了一抹"新气象"。

上好农民画"艺术课"

金山农民画是土生土长的民间绘画形式,根植于上海金山613平方公里的沃土。金山农民画创作活动始于上世纪 70 年代,当地农民在一批艺术家的指导下尝试将剪纸、刺绣、印染、年画、木雕、砖刻、灶壁画等民间传统造型艺术融入绘画之中，他们的画作以江南水乡的风土人情和现实生活为主要题材，构思质朴、用笔酣畅、着色鲜明、对比强烈、夸张多变，朴中见雅、拙中藏巧，有着强烈的生活气息和艺术表现力。多年的探索使得金山农民画自成一格，1988 年，上海金山被国家文化部授予"中国现代民间绘画画乡"称号。2007 年，金山农民画被列入首批上海市非物质文化遗产保护名录，成为上海社会主义新农村建设的标志性文化成果。

金山农民画院成立于 1989 年，一方面致力于发展民间文化事业，另一方面，则着力打造本土文化品牌。因此，画院除了承担农民画辅导培训、陈列展览、理论研究等职能外，还是负责金山农民画市场营销和衍生品开发的专门机构。奚吉平介绍说，近年来，为了充分发挥金山作为"中国农民画之乡"的品牌优势和"中国农民画艺术研究中心"的积极作用，画院对农民画理论做了大量整理与研究工作。

一是对金山农民画近 40 年的发展历史做了系统的资料整理和理论梳理工作，包括代表性传承人、代表作品、制作工具、地域环境、文化承脉、艺术风格、历史价值、濒危程度、保护意义等。相继建立了"中国农民画博览苑"、"金山农民画史料馆"，基本展示全国现代民间绘画的艺术成就和地域风貌，全面反映金山农民画形成、发展、繁荣的历史脉络及艺术风格。

二是委托复旦大学艺术人类学与民间文学研究中心，连续 6 年对全国的农民画进行专题调研。完成了对青海湟中、山东日照、吉林东丰、四川綦江、云南腾冲等 12 省、市 16 个画乡农民画现状的调查，并编辑《中国农民画考察》，可望年内出版。

三是举办农民画论坛，探讨农民画发展新方向。画院多次举办中国农民画主题论坛,组织专家、学者发表相关论文,并出版成册。同时,画院辅导老师的一批优秀论文也在国家级研讨会上获奖,取得了可观的研究成果,形成了一套独特的金山农民画理论体系。

谈到农民画培训班,奚吉平总结说,这些年的辅导培训体现了"传承"和"创新"两大特点,经过长期挖掘、培育和推介,金山农民画创作队伍的创作水平整体上得到较大提升。"如今,画院已基本形成了以新一代农民画家为主体的创作群体,他们在民间美术的传承上更注重创新意识和精品意识,在保持金山农民画独特风格的同时,汲取现代审美元素,用新的绘画语言,反映新时代,谋求在传统民间文化与现代主流文化之间的新发展,使金山农民画的艺术品位不断得到升华。"据了解,目前金山已有农民画家 1 000 余人,涌现了一批代表人物,其中有 5 位被命名为第一批上海市非物质文化遗产项目(金山农民画艺术)代表性传承人,有 28 位被金山区政府命名为金山农民画画师,有 26 位分别成为中国美术家协会、中国民间文艺家协会、上海市美术家协会、上海民间文艺家协会会员,还有一大批优秀农民画新作在全国、省市级画展上荣膺大奖,并被国家美术机构收藏。此外,农民画的群众基础也非常深厚,普通市民、海外友人、消防官兵……都是学习班里的"常客"。

打造农民画产业链

农民画要打造文化品牌,产业化发展是必由之路。在这方面,金山农民画院也已用实践"检验"了多种可能性。

奚吉平告诉记者,画院成立之初是从农民画家手里收画,再代销出去。后来,金山农民画名气越来越响,画作也越来越受欢迎,不少人专程前往金山购画。这时,区委、区府做出了一个正确的决定：画院不能跟农民画家争利，2009 年 5 月，金山区政府同意将金山农民画院由经营性文化事业单位转为公益性文化事业单位，由区财政全额拨款。可以说，这一转变让画院放开了手脚，开始大胆探索农民画产业发展的新路径。

农民画成为了商品，农民画家是最大的受益群体。植根于家乡火热的现实生活，农民画家们的日子日益红火起来。上海市非物质文化遗产项目（金山农民画艺术）代表性传承人曹秀文说："通过画画，搞创作，我们让全世界了解了中国农民的美好生活和中国文化。"现如今，不仅曹秀文的画作走向世界各地，她也走出村子，到各地去授课，她的学生有老有少，有黑头发还有黄头发。既能取得良好的经济效益，又为农民画家找到了惬意的生存方式，农村生活给予农民画家丰厚的馈赠。

在画作走向市场的同时，农民画衍生产品也随之发展了起来。据了解，农民画衍生产品的开发最早始于上世纪 90 年代初期，在 2006 年开始进入规模发展阶段，如今，画院已开发出贺卡、丝巾、挂毯、交通卡、U 盘、灯具、茶壶、扇子、瓷盘、环保袋、鼠标垫、服装、手表、钥匙圈等农民画衍生品百余种。这些产品远销欧美等国，深受中外消费者青睐，还在历届上海旅游节中被评为"优秀旅游产品"。奚吉平透露说，销售最好的品类是纺织品和瓷器类，如丝巾、茶具等等。目前，创意产品的销售已经占到了画院包括画作在内的销售总额的 2/3。在奚吉平看来，各类农民画衍生品一方面对农民画进行着新的阐释，赋予新的意义和内涵，另一方面也使农民画能以更大众、更通俗的形式更广泛地传播出去。"目前，我们每年都会推出 3—5 种新产品，去年就推出了笔筒、黑陶手绘摆件等，今年我们也酝酿设计出更有意思的新品。"

画院对农民画产业链发展的思考从没有停步过。奚吉平告诉记者,前不久,江苏省博里镇就来金山考察,他们最关心的问题就是农民画产业链的发展,比如,创意产品如何诞生、市场推广如何经营等等。奚吉平坦言:"市场确实很大,但艺术品到工艺品再到日用品,这条路并不好走。"举例来说,农民画的一大特色是"不留白",但如果原封不动把农民画不留白地搬到衍生产品上,大多数情况下,效果并不好,这就考验我们对画作的二度创作能力及产品设计水平。"虽然我们起步比较早,但很多问题还没有答案,如何打造农民画产业链仍有困惑待解。我们出设计、出创意,其他全部交给市场来做、交给企业来做,是否会是一条更可行的道路呢?"金山农民画产业链的打造仍在探索中寻求新的突破。①

---

① 消息来自《解放日报》,2013 年 4 月 21 日,原标题为《金山农民画:绘出产业新气象》。

参考文献

中文文献

柏君:《粉丝经济学》,广州:广东经济出版社,2016年.

蔡嫚:《粉丝经济学》,北京:时事出版社,2017年.

陈广、赵海涛:《华为的企业文化》,深圳:海天出版社,2012年.

杜维明、高专诚:《新加坡的挑战:新儒家伦理与企业精神》,北京:生活·读书·新知三联书店,2013年.

复旦大学文史研究院:《图像与仪式:中国古代宗教史与艺术史的融合》(复旦文史专刊),北京:中华书局,2017年.

高丙中:《中国民俗概论》,北京:北京大学出版社,2009年.

高占祥编:《论节日文化》,北京:文化艺术出版社,1991年.

高彩凤:《砍掉库存的100个创意促销方案》,北京:中国发展出版社,2010年.

顾希佳:《社会民俗学》,哈尔滨:黑龙江人民出版社,2003年.

何学威:《经济民俗学》,北京:中国建材工业出版社,2000年.

黄彩文:《仪式、信仰与村落生活:邦协布朗族的民间信仰研究》,北京：民族出版社,2011 年.

胡以贵:《小米奇迹：雷军粉丝经济学》,香港：天窗出版社,
2015 年.

黄慧珍:《信仰与觉醒：生存论视域下的信仰学研究》,北京：
人民出版社,2007 年.

胡波、胡全:《循环与守望：中国传统节日文化诠释与解读》,
广州：广东人民出版社,2015 年.

廖小东:《传统的力量：民族特色仪式的功能研究》,北京：中
国社会科学出版社,2015 年.

李松、张士闪:《节日研究》(第二辑),济南：山东大学出版社,
2010 年.

路遥等:《中国民间信仰研究述评》,上海：上海人民出版社,
2012 年.

李向平、文军、田兆元:《中国信仰研究》(第一辑),上海：上海
人民出版社,2011 年.

李琴:《中国传统消费文化研究》,北京：中央编译出版社,
2014 年.

彭兆荣:《人类学仪式的理论与实践》,北京：民族出版社,
2007 年.

彭翊主编:《中国文化消费指数报告·2016》,北京：人民出版
社,2016 年.

萨敏娜、吴凤玲:《达斡尔族斡米南文化的观察与思考：以沃
菊芬的仪式为例》(中国少数民族非物质文化遗产研究),北京：民
族出版社,2011 年.

石滨:《B2T：如何解构网络团购消费者的内心方程式》,北
京：机械工业出版社,2015 年.

单大明主编：《消费心理学》（第 2 版），北京：机械工业出版社，2012 年.

覃延佳：《仪式传统与地方文化建构》，北京：社会科学文献出版社，2015 年.

文史哲编辑部：《儒学：历史、思想与信仰》，北京：商务印书馆，2011 年.

乌丙安：《中国民俗学》，沈阳：辽宁大学出版社，1985 年.

乌丙安：《中国民间信仰》，长春：长春出版社，2014 年.

王海洲：《政治仪式：权力生产和再生产的政治文化分析》，南京：江苏人民出版社，2016 年.

武文主编：《中国民俗学古典文献辑论》，北京：民族出版社，2006 年.

王文章主编：《中国传统节日》，北京：中央编译出版社，2010 年.

萧放：《岁时：传统中国民众的时间生活》，北京：中华书局，2002 年.

徐航明编著：《经典品牌标语（LOGO）与品牌文化》，北京：电子工业出版社，2013 年.

杨太：《中国消费民俗学》，沈阳：沈阳出版社，1998 年.

杨美惠：《礼物、关系学与国家：中国人际关系与主体性建构》，赵旭东、孙珉译，南京：江苏人民出版社，2009 年.

叶舒宪主编：《文化与符号经济》，广州：广东人民出版社，2012 年.

钟敬文主编：《民俗学概论》，北京：高等教育出版社，2010 年.

周斌：《"粉"营销：移动互联时代下的粉丝经济》，北京：中华工商联合出版社,2015 年.

张继辰编著:《腾讯的企业文化》,深圳:海天出版社,2015 年.

张继辰、王乾龙:《阿里巴巴的企业文化》,深圳:海天出版社,2015 年.

赵文娟:《仪式·消费·生态:云南新平傣族的个案研究》,北京:知识产权出版社,2013 年.

臧旭恒等:《新经济增长路径:消费需求扩张理论与政策研究》,北京:商务印书馆,2010 年.

朱海滨:《祭祀政策与民间信仰变迁:近世浙江民间信仰研究》,上海:复旦大学出版社,2008 年.

仲富兰:《风俗与信仰》,上海:复旦大学出版社,2012 年.

卓新平:《中国人的宗教信仰》,北京:中国社会科学出版社,2015 年.

［德］皮柏:《节庆、休闲与文化》,黄藿译,北京:生活·读书·新知三联书店,1991 年.

［法］让·波德里亚:《消费社会》,刘成富、全志钢译,南京:南京大学出版社,2001 年.

［法］莫里斯·古德利尔:《礼物之谜》,王毅译,上海:上海人民出版社,2007 年.

［美］维克多·特纳编:《庆典》,方永德等译,上海:上海文艺出版社,1993 年.

［美］康芒斯:《制度经济学》(上、下册),于树生译,北京:商务印书馆,1997 年.

［美］J. 保罗·彼得、杰里·C. 奥尔森:《消费者行为与营销战略》(第四版),韩德昌主译,大连:东北财经大学出版社,2000 年.

［美］道格拉斯·霍尔特、道格拉斯·卡梅隆：《文化战略：以创新的意识形态构建独特的文化品牌》，汪凯译，北京：商务印书馆，2013年.

［意］马里奥·佩尔尼奥拉：《仪式思维：性、死亡和世界》，吕捷译，北京：商务印书馆，2006年.

［英］R. R. 马雷特：《心理学与民俗学》，张颖凡、汪宁红译，济南：山东人民出版社，1988年.

［英］杰克·古迪：《神话、仪式与口述》（当代世界学术名著），李源译，北京：中国人民大学出版社，2014年.

［美］特伦斯·迪尔、艾伦·肯尼迪：《企业文化：企业生活中的礼仪与仪式》，李原、孙健敏译，北京：中国人民大学出版社，2015年.

［美］武雅士、莫里斯·弗里德曼：《中国社会中的宗教与仪式》，彭泽安、邵铁峰译，南京：江苏人民出版社，2014年.

［美］大卫·科泽：《仪式、政治与权力》，王海洲译，江苏：江苏人民出版社，2015年.

［埃及］格尔达威：《信仰与人生》，马云福译，银川：宁夏人民出版社，2015年.

［瑞士］荣格：《荣格谈人生信仰》，石磊编译，天津：天津社会科学院出版社，2014年.

［法］葛兰言：《中国人的信仰》，汪润译，哈尔滨：哈尔滨出版社，2012年.

［英］科林·布朗：《历史与信仰：个人的探询》，查常平译，上海：上海三联书店，2013年.

［美］查尔斯·塔列弗罗：《证据与信仰：17世纪以来的西方哲学和宗教》，傅永军、铁省林译，济南：山东人民出版社，2011年.

〔美〕乔治·弗里德曼：《弗里德曼说，下一个一百年地缘大冲突：21 世纪陆权与海权、历史与民族、文明与信仰、气候与资源大变局》，广州：广东人民出版社，2016 年.

〔俄罗斯〕格奥尔吉耶娃：《文化与信仰：俄罗斯文化与东正教》，焦东建、董茉莉译，北京：华夏出版社，2012 年.

〔挪威〕达格·埃恩腾·恩德斯鸠：《性与宗教——世界信仰史上的信条与禁忌》，周云水、李旺旺、何小荣译，北京：中国社会科学出版社，2014 年.

〔法〕吕西安·费弗尔：《十六世纪的无信仰问题》，闫素伟译，北京：商务印书馆，2012 年.

〔英〕丹尼斯·亚历山大：《重建范型：21 世纪科学与信仰》，钱宁译，上海：上海人民出版社，2014 年.

〔英〕丹尼尔·米勒：《物质文化与大众消费》，费文明、朱晓宁译，南京：江苏美术出版社，2010 年.

〔英〕丹尼尔·米勒：《消费：疯狂还是理智》，张松萍译，北京：经济科学出版社，2013 年.

英文文献

Arnold, T. W. *The Folklore of Capitalism*. New Haven: Yale University Press, 1937.

Arnold, Thurman. *The Symbols of Government*. New York: Harcourt, Brace & World, 1962.

Barnard, Chester I. *The Functions of Executive*. Cambridge, Mass.: Harvard University Press, 1938.

Bateson, Gregory. "A Theory of Play and Phantasy." In *Steps to An Ecology of Mind*. New York: Ballantine

Books，1972.

Blum，Albert A. "Collective Bargaining：Ritual or Reality. " *Harvard Business Review*，39，No. 6 （November-December 1961），pp. 63 - 69.

Blumer，Herbert. *Symbolic Interactionism：Perspective and Method*. Englewood Cliffs，N. J. ：Prentice-Hall，1969.

Burke，Kenneth. *A Grammar of Motives*，New York：Prentice-Hall，1945.

Campbell，Joseph. *Myths to Live By*. New York：Bantam Books，1973.

Cole，M. and S. Schribner. *Culture and Thought*. New York：John Wiley & Sons，Inc. ，1974.

Dandridge，Thomas Charles. *Symbols At Work: The Types and Functions of Symbols in Selected Organizations*. UCLA Dissertation，1976.

Eliade，Mircea. *Rites and Symbols of Initiation*. Trans. Willard R. Trask. New York：Harper & Brothers，1958.

Gluckman，Max. *Essays on The Rituals of Social Relations*. Manchester：Manchester University Press，1962.

Hall，Edward T. *Beyond Culture*. New York：Anchor，1976.

McDonald，John. *The Game of Business*. New York：Doubleday，1975.

Roy，Robert. *The Cultures of Management*. Baltimore：Johns Hopkins University Press，1970.

Shook，Robert L. *Ten Greatest Salespersons*，New York：

Harper & Row，1978.

Tsaklang，A. A. "Organization Chart-Managerial Myth." *SAM Advanced Management Joural*. 38，No. 2（1973），pp. 53 - 57.

Welser，Max. *The Theory of Social and Economic Organizations*. New York：Macmillan，1947.

Whitehead，Alfred North. *Symbolism：Its Meaning and Effect*. New York：Macmillan，1927.

Zald，Mayer N. "Politics and Symbols：A Review Article." *The Sociological Quarterly*，7（Winter 1966）.

论文

卞利：《试论明清以来徽州山区的经济民俗》，载《黄山高等专科学校学报》，2002(3).

董丽娟：《经济民俗学视角下的区域民俗与区域经济》，载《学理论》，2013(35).

何学威：《论经济民俗文化学的研究与建设》，载《中南工业大学学报》(社会科学版)，1999(4).

何学威：《经济民俗文化学刍议》，载《广西梧州师范高等专科学校学报》，2000(2).

贺学君：《民俗变异与民俗学者的立场》，载《西北民族研究》，2003(3).

黄涛：《开拓传统节日的现代性》，载《河北大学学报》(哲学社会科学版)，2008(5).

户晓辉：《中国传统节日与现代性的时间观》，载《安徽大学学报》(哲学社会科学版)，2010(3).

林锦凤、魏玉：《基于社会文化视角的"光棍节"节日仪式分析》，载《泉州师范学院学报》，2011(4).

刘全文、房杰：《对商业零售企业节日促销的思考》，载《河北软件职业技术学院学报》，2014(2).

李志刚：《零售商业企业节日促销策略》，载《贵州商业高等专科学校学报》，2005(2).

刘娟：《从节日仪式文化到营销——传播的仪式观视角下的天猫"双十一"狂欢购物节营销》，载《广告大观》(理论版)，2013(2).

刘少和：《中国企业民俗管理与建设研究》，广西师范大学硕士学位论文，2001.

罗佳玲：《电商企业节日营销的服务质量差距研究》，载《市场研究》，2013(8).

马启俊：《〈庄子〉词汇中反映的先秦经济民俗考察》，载《蚌埠学院学报》，2017(5).

孙正国：《文化转型催生狂欢化新民俗》，载《中央民族大学学报》(哲学社会科学版)，2004(1).

田中娟：《论浙西南香菇山歌的经济民俗特质》，载《中国音乐》，2008(2).

田兆元：《经济民俗学：探索认同性经济的轨迹——兼论非遗生产性保护的本质属性》，载《华东师范大学学报》(哲学社会科学版)，2014(2).

王丽坤：《县域民俗经济探析》，载《文化学刊》，2012(5).

王欣：《从阿维滩村管窥多民族村落经济民俗的互补特征及其变迁》，新疆大学硕士学位论文，2012年.

吴玉萍：《新民俗的产生与认同性消费的构建——以阿里巴

巴"双十一"为例》,载《民族艺术》,2018(2).

吴勇毅:《酒类企业节日营销策略》,载《企业活力》,2002(2).

咸春林:《民俗文化的经济新思维——以经济学视角解读新形势下中国民俗文化之价值取向》,载《西北民族研究》,2004(2).

徐华龙:《现代都市的泛民俗化问题》,载《民俗研究》,2000(4).

张小平:《不发红包送小礼——美国企业节日新时尚》,载《中外企业文化》,1999(2).

周翠玲:《经济民俗特性与广州经济民俗》,载《暨南学报》(哲学社会科学版),2000(4).

周珣:《从粤东客家山歌与烹饪的关联性看区域经济民俗中的盐粮文化系统》,载《民俗研究》,2015(3).

张秋贤:《走向经济母神:越南女性母神信仰研究》,华东师范大学博士学位论文,2015.

〔美〕阿兰·邓迪斯:《伪民俗的制造》,周惠英译,载《民间文化论坛》,2004(5).

后　记

本书是在我的博士后工作报告基础上修改完成的。我于2015年7月进站，2017年7月出站，两年的时间写完博士后出站报告，后又断断续续经一年的时间修改、完善。从博士阶段的文学人类学研究转到博士后期间的经济民俗学研究，研究对象及研究范式的改变让我在研究过程中屡屡受挫。在此期间，幸得博士后合作导师田兆元教授悉心点拨与精心指导，让我在写作过程中得见一缕又一缕曙光。田教授对于民俗学学科理论建设与自主话语建构有独到见地，提出的经济民俗学与政治民俗学也极大地丰富了民俗学的研究维度。

经济民俗学的形成有着相对丰厚的学科基础，其储备与积累已在前辈学者的研究中得到积淀，这一点从"经济的民俗"、"经济民俗文化学"、"经济民俗"、"经济民俗学"等相关概念的不断提出足见一斑。企业节日是企业因节日特有的经济效应为自身制定的特殊日子。然而，以往的研究中，由于缺乏民俗学的在场，企业节日都是放置在市场营销、工商管理、企业管理等学科下进行研究，所展开的讨论也都围绕着营销策略、服务质量、管理模式等。此外，从实践考察，有的企业节日经济因没能内化为民俗经济，没能形成认同性经济，仅仅在拼营销，以致效益递减，节日的意义也在逐渐消逝。因此,在经济民俗学的视域下对企业节日进行研究,既是一种学术尝试,也是经济民俗学的一个有力实证个案。当然,本书关于经济民俗学的理论梳理及其他相关理论部分还有待提升完善,在此恳请各位专家师友批评指正。

最后,我要感谢我的博士阶段导师叶舒宪教授给予的跨学科理论指导,这打开了我研究的视野;感谢上海视觉艺术学院、文化创意产业管理学院领导们对于本书出版的大力支持;感谢上海交通大学的赵原老师在经济民俗与企业管理融合的构架上给予本书的指点与修改;感谢东方出版中心编辑的倾心付出。

科研的路很长。未来,在这条学术长路上,我将永葆敬畏之心,永怀感恩之心,永存虔诚之心,继续前行。

吴玉萍

2018 年　夏至

图书在版编目(CIP)数据

　　企业节日研究：基于经济民俗学新视角 / 吴玉萍著
. —上海：东方出版中心，2018.10
　　(上海视觉·文产高地计划丛书)
　　ISBN 978 - 7 - 5473 - 1358 - 9

　　Ⅰ. ①企⋯　Ⅱ. ①吴⋯　Ⅲ. ①企业文化-研究-中国
Ⅳ. ①F279.23

　　中国版本图书馆 CIP 数据核字(2018)第 229768 号

企业节日研究：基于经济民俗学新视角

出版发行：东方出版中心
地　　址：上海市仙霞路 345 号
电　　话：(021)62417400
邮政编码：200336
经　　销：全国新华书店
印　　刷：上海万卷印刷股份有限公司
开　　本：890mm×1240mm　1/32
字　　数：145 千字
印　　张：6.25
版　　次：2018 年 10 月第 1 版第 1 次印刷
ISBN 978 - 7 - 5473 - 1358 - 9
定　　价：45.00 元